Ullstein Sachbuch

Ullstein Sachbuch
Ullstein Buch Nr. 34706
im Verlag Ullstein GmbH,
Frankfurt/M – Berlin

Ungekürzte, neu eingerichtete Ausgabe

Umschlagentwurf:
Elżbieta Woźniewska-Krüger
Unter Verwendung einer
Abbildung von Leni Riefenstahl

Druck und Verarbeitung:
Presse-Druck Augsburg
Printed in Germany 1991
ISBN 3 548 34706 1

März 1991

Von derselben
Autorin in der Reihe
der Ullstein Bücher:

Memoiren 1902–1945
(33114)
Die Nuba (34687)
Korallengärten (34698)

CIP-Titelaufnahme der
Deutschen Bibliothek

Riefenstahl, Leni:
Die Nuba von Kau / Leni Riefenstahl. –
Ungekürzte Ausg. – Frankfurt/M ;
Berlin : Ullstein, 1991
(Ullstein-Buch ; Nr. 34706 :
Ullstein-Sachbuch)
ISBN 3-548-34706-1
NE: HST; GT

Leni Riefenstahl

Die Nuba von Kau

Mit 173 Farbfotos

Ullstein Sachbuch

Inhalt

Einführung

Dieser Bildband ist, ebenso wie mein erstes Buch über die Nuba (›Die Nuba. Menschen wie von einem anderen Stern‹. List Verlag, München 1973; Harper & Row, New York 1974; Book of the Month-Club, New York 1974; Collins Publishers, London 1975; Editions du Chêne, Paris 1975; als Taschenbuch: Deutscher Taschenbuch Verlag, München 1982), weder von mir selbst noch von einem Verlag geplant worden, sondern durch ganz besondere Umstände entstanden. Aber ohne den in mir tief verwurzelten Trieb, dem Ungewöhnlichen und dem Schönen nachzujagen, ohne Rücksicht auf Zeit, Gefahren und Entbehrungen, würde es diesen Bildband nicht geben.

Seit 1956, als ich zum ersten Mal Afrika besuchte, habe ich viele Reisen und Expeditionen durch afrikanische Länder gemacht, vor allem durch Kenia, Tansania und Uganda. Doch die längste Zeit verbrachte ich im Sudan, wohin es mich immer wieder zog. Ich liebe dieses Land und seine Menschen – es ist meine zweite Heimat geworden.

Im Jahr 1962 entdeckte ich dort die Nuba, das heißt, einen der mehr als einhundert Nubastämme, die Masakin-Qisar-Nuba, die in den versteckt liegenden Tälern der Nubaberge im Süden der sudanesischen Provinz Kordofan leben. Es sind kaum zehntausend Menschen, die eine Sprachgemeinschaft bilden und die damals, als ich sie kennenlernte, noch völlig abgeschirmt von der Außenwelt und ungestört von den Einflüssen der Zivilisation ihr ursprüngliches traditionelles Stammesleben führten. Es waren die glücklichsten Menschen, die ich jemals kennengelernt habe. Sie waren hinreißend, wenn sie lachten – und sie lachten fast immer –, sie waren gutherzig und ohne böse Gedanken – sie kannten weder Diebstahl noch Mord und lebten in vollendeter Harmonie mit der Natur.

In meinem Bildband ›Die Nuba‹ nannte ich sie »Menschen wie von einem anderen Stern«. Bei ihren Erntearbeiten, Ringkampf-Festen und Totenfeiern bedeckten sie ihre Körper mit schneeweißer Asche, wodurch sie wie fremdartige Wesen aussahen. Sie akzeptierten und liebten mich ebenso wie ich sie liebte. Ich erlernte ihre Sprache, und die Monate, die ich mit ihnen verbrachte, gehörten zu den schönsten meines Lebens. Regelmäßig, alle zwei Jahre, besuchte ich sie und lebte mit ihnen die sechs bis sieben Monate der Trockenzeit. Während der Regenzeit können nur die Eingeborenen dort leben, weil die gewaltigen Wassermassen den Boden in Schlamm verwandeln, so daß man im Krankheitsfalle von keinem Fahrzeug abgeholt werden kann. Auch machen die Milliarden von Moskitos das Leben für einen Fremden unerträglich.

Ich bin zu diesen Masakin-Qisar-Nuba nicht gegangen, um sie zu fotografieren. – Die Aufnahmen habe ich nur so nebenbei für mich gemacht, um eine Erinnerung an diese unvergeßlichen Erlebnisse zu haben. Daß die Aufnahmen in Bildmagazinen und in Bildbänden erscheinen würden, habe ich nicht geahnt.

Ganz anders ist es mit diesem Bildband. Die Nuba von Kau, wie ich sie nenne – bei den Ethnologen heißen sie Südostnuba, weil sie im äußersten Südostzipfel der Provinz Kordofan leben –, haben kaum etwas Gemeinsames mit den Masakin-Qisar-Nuba. Obgleich sie nur etwa 200 Kilometer von den Masakin entfernt leben, kennen sie sich nicht, haben eine andere Sprache, andere Sitten und Gebräuche und sind, was Wesen und Charakter anbelangt, das absolute Gegenteil der Masakin-Nuba. Die Masakin-Nuba sind freundlich und sanft, die Kau-Nuba wild und leidenschaftlich. Während es überhaupt keine Schwierigkeiten machte, die Masakin-Nuba zu fotografieren, war dies bei den Kau-Nuba fast unmöglich. Bei vielen Expeditionen, die ich in Afrika durchführte, gab es Schwierigkeiten. Ich besuchte und fotografierte die Shilluk, die Dinka, die Nuer und die Murle, die ganz im Osten der sudanesischen Provinz Upper Nile in der Nähe der äthiopischen Grenze leben. Über vier Monate verbrachte ich in Ostafrika mit den Masai, die auch nicht gerade sehr kamerafreundlich sind, wenn man sie in Gebieten besucht, wo keine Touristen hinkommen. Aber die dort erlebten Schwierigkeiten bedeuten nichts gegenüber denen, die ich in Kau und den in der Nähe liegenden Dörfern Nyaro und Fungor erleben sollte. Es war eine Zeit von fast unerträglichen Mühen und Strapazen. Mein einziger Begleiter und Mitarbeiter Horst und ich hatten schon die Hoffnung aufgegeben, erfolgreich und gesund wieder zurückzukommen. Daß trotz dieser Torturen und Widerstände dieser Bildband entstehen konnte, erscheint mir wie ein Wunder.

Dieses Buch widme ich dem sudanesischen Volk.
Es soll ein Vermächtnis sein an eine der uralten Kulturen, die durch den Fortschritt der Zivilisation bald verschwunden sein wird.

Gleichzeitig möchte ich auch allen danken, durch deren Hilfe es mir ermöglicht wurde, diese Bilder zu machen.
Vor allem danke ich meinem einzigen Begleiter, Horst Kettner, der Ungewöhnliches geleistet hat. Er machte nicht nur die Film- und Tonaufnahmen, sondern war in einer Person auch Fahrer, Kraftfahrzeugmechaniker, »Arzt« und verantwortlich für die gesamte Ausrüstung. Ohne seine Mitarbeit wäre diese Expedition nicht möglich gewesen.

Mein erster Besuch in Kau

Im Januar 1974 packte mich wieder einmal der Wunsch, meine Nuba-Freunde wiederzusehen. Besonders zwei Gründe waren es, die mich veranlaßten, diese sehr weite Reise zu unternehmen. Erstens waren fünf Jahre vergangen, seit ich sie besucht hatte, zweitens war inzwischen der Bildband ›Die Nuba‹ erschienen, den ich ihnen zeigen wollte. Immer wieder stellte ich mir in Gedanken vor, wie sie auf die Aufnahmen von sich reagieren würden. Da nur ein Besuch von wenigen Wochen geplant war, lohnte es sich nicht, ein eigenes Fahrzeug mitzubringen. Ich mußte für diese Reise alles in Khartoum, der Hauptstadt des Sudan, improvisieren. Das Wichtigste für solche Reisen durch Busch und Steppe ist ein gutes Geländefahrzeug mit möglichst vielen Ersatzteilen: ein Landrover, ein Toyota oder ein Unimog. Aber gerade diese Fahrzeuge kann man nur sehr schwer im Sudan mieten. Wer ein solches Fahrzeug besitzt, braucht es für sich selbst. Nachdem ich mich in Khartoum drei Wochen vergeblich um ein Geländefahrzeug bemüht hatte, blieb uns keine andere Wahl, als mit einem großen Lastwagen die Reise nach den Nubabergen anzutreten. Wir waren 36 Stunden unterwegs, mit nur einer Unterbrechung von zwei Stunden. Aber schließlich kamen wir doch ans Ziel; noch lange nicht zu meinen Nuba, aber schon in ihre Nähe, nur noch 60 Kilometer entfernt.

Kadugli ist eine kleine sudanesische Stadt, die jetzige Hauptstadt der neu gegründeten Süd-Kordofan-Provinz, die romantisch von den Hügelketten der Nubaberge eingerahmt ist. Dort gibt es einen Gouverneur, Polizei, Soldaten und auch einen großen Markt. Wir blieben in dem kleinen Resthouse, das ich gut von meinen früheren Expeditionen kannte. Es enthält keine Möbel, hat aber fließendes, gutes Wasser und Moskitonetze. Hier konnten wir durch einen langen Schlaf unseren erschöpften Zustand bald überwinden.

Nachdem wir auf dem Markt Einkäufe gemacht hatten, gelang es uns, einen mittelgroßen, aber alten und klapprigen Fordlastwagen zu mieten, sogar mit einem jungen sudanesischen Fahrer.

Als ich die ersten Nubahäuser in den Felswänden erblickte, bekam ich Herzklopfen. Wie würden sie mich nach fünfjähriger Abwesenheit empfangen? Würden sie noch alle dasein – der Natu, Alipo, Tukami und Gumba? Plötzlich hörte ich Kinderstimmen: »Leni basso, Leni basso!« (Leni kommt zurück). Ich sah im Vorbeifahren kleine Mädchen, die, im gelben Stroh stehend, mir zuwinkten – sie hatten mich erkannt. Ich konnte nicht verhindern, daß meine Augen feucht wurden.

Dann sahen wir den großen Baum, unter dem ich immer meinen Lagerplatz aufgeschlagen hatte. Wir bogen vom Weg ab in das hohe Gras, Richtung Baum. Unser Fahrer Mohamed versuchte, die im Gras liegenden großen Steinbrocken zu umfahren. Kaum stand der Wagen, kamen sie auch schon auf uns zu. Sie hatten uns mit ihren scharfen Augen von den Felsen aus gesehen. Hände streckten sich mir entgegen, und immer wieder hörte ich sie rufen: »Leni basso, Leni basso!«. Aber was für ein Anblick bot sich mir. Waren das »meine« Nuba? Ich konnte es nicht fassen. Welch eine Veränderung hatte sich hier vollzogen. Der Ausdruck ihrer Gesichter war nicht mehr fröhlich, ihre Körper waren von häßlichen, geflickten Kleiderfetzen bedeckt. Der Perlenschmuck, mit dem sie sich früher schmückten, war verschwunden. Eine Welt brach für mich zusammen. Ich versuchte, meine Enttäuschung zu verbergen – sie sollten nicht merken, wie ihr Anblick mich schmerzte. Auch Horst war erschüttert.

Bald konnten wir weitere Veränderungen feststellen. Während man früher ungehindert jedes Nubahaus betreten konnte, waren jetzt die meisten Eingänge von innen durch Baumstämme verriegelt. Was früher bei den Nuba undenkbar war – das Stehlen –, das war jetzt keine Seltenheit mehr. Ich versuchte, die Gründe dieser unglaublichen Veränderung herauszubekommen – bald wußte ich es. Durch einige schlechte Erntejahre waren viele der jungen Männer gezwungen worden, ihr Dorf zu verlassen, um irgendwo in einer Stadt zu arbeiten und Geld zu verdienen. Viele kamen bis nach Khartoum, wo sie meist ein ganzes Jahr blieben und dort für wenig Geld niedere Arbeiten verrichteten. Mit dem Geld konnten sie ihren Viehbestand aufbessern und sich Kleider kaufen, die sie jetzt tragen mußten. Wie in allen afrikanischen Ländern versuchte auch hier die Regierung durch immer stärkeren Zwang die Eingeborenen dazu zu bewegen, Kleider zu tragen. Unbekleidet zu sein gilt in Afrika – ganz im Gegensatz zu Europa, wo immer mehr Nacktbäder und -badestrände entstehen – inzwischen als absolute Schande. Die jungen Männer, die aus der Stadt in ihre Heimatdörfer zurückkehren – viele bleiben für immer in der Stadt –, bringen aber nicht nur Geld mit, sondern auch böse Krankheiten, die es früher bei ihnen nicht gab und die sich schnell verbreiten.

Mit unserer Enttäuschung, die täglich stärker wurde, wuchs auch die Hitze. Wir zeigten unseren Nuba das Buch und erlebten, wie sie sich ihrer damaligen Nacktheit schämten. Der paradiesische Zustand war vorbei.

War er überall vorbei? Gab es keine Eingeborenenstämme mehr, die, unberührt von der Zivilisation, noch in ihren uralten Traditionen lebten? Viele Wissenschaftler hatten mir ähnliches von ihren Forschungsreisen erzählt, daß die uralten Stämme Afrikas von der Zivilisation überrollt würden und die Zeichen der neuen Zeit in den entferntesten Winkeln des schwarzen Kontinents zu finden wären: Uhren, Brillen, Syphilis.

Kurz vor unserer Abreise – wir waren nur vier Wochen bei »unseren« Nuba – hatte ich einen Traum. Ich sah zwei schwarze Männer, die mit Ringmessern an den Armgelenken einen Kampf ausführten. Mit beinahe tänzerischen Bewegungen wich jeder geschickt dem Angreifer aus. Dann sah ich Blut – viel Blut. In diesem Moment wachte ich auf. Ich hörte das Krähen der Hähne. Die Nacht wich dem Tag.

Als Horst erwachte, erzählte ich ihm meinen Traum und erinnerte ihn daran, daß ich schon bei unseren früheren Expeditionen die Nuba, die diese Messerkämpfe ausübten, aufsuchen wollte. Als ich 1969 dieses Vorhaben durchführen wollte, sagten mir die Araber, die ich befragte, daß diese Kämpfe längst der Vergangenheit angehören würden. Durch die von mir schon damals beobachteten großen Veränderungen in vielen Gebieten Afrikas hielt ich dies auch für wahrscheinlich und gab mein Vorhaben auf. Aber meine Traumbilder erweckten wieder meinen Wunsch, diese Messerkampf-Nuba zu suchen. Vielleicht gab es sie dennoch, und selbst wenn sie diese Messerkämpfe nicht mehr ausüben würden, könnte ich etwas über ihr Leben und ihre früheren Sitten erfahren.

Das Problem aber war dieses Mal unser Mangel an Zeit. Wir hatten schon unseren Rückflug von Khartoum nach München gebucht, und er war wegen anschließender Termine nicht zu verschieben. Drei Tage würden wir für die Reise von den Nubabergen nach Khartoum benötigen. Nach meinem Kalender hätte ich noch vier bis fünf Tage Zeit, um die Messerkampf-Nuba zu suchen. Ich wußte aber von ihnen nur, daß sie ungefähr 200 km östlich von den Masakin-Nuba, also in der Mitte zwischen den Nubabergen und dem Weißen Nil, leben. Auch hatte ich mir den Namen Kau gemerkt, konnte aber denselben auf keiner unserer Landkarten finden.

Als ich Horst meinen Wunsch verriet, diesen mir noch unbekannten Stamm in der kurzen Zeit aufzusuchen, hielt er mich schlicht für wahnsinnig. Aber je mehr er versuchte, mir diese unsinnige Idee auszureden, um so beharrlicher wurde mein Widerspruch. Plötzlich stand es für mich fest, daß ich diesen Versuch machen mußte, da ich wohl kaum jemals wieder eine solche Expedition unternehmen würde. Ich sah darin eine letzte Chance, vielleicht doch noch etwas Besonderes zu entdecken. Jetzt war ich nur wenige hundert Kilometer von diesen Eingeborenen entfernt, später wären es Tausende von Kilometern.

Wir besprachen nun diese Fahrt ins Ungewisse mit unserem Fahrer Mohamed. Er war nicht abgeneigt, sagte uns aber, daß unser Benzinvorrat sehr knapp war und es in dieser Gegend hoffnungslos wäre, Benzin zu bekommen. Außer den Namen der Ortschaften und Pisten hatten wir keinerlei Anhaltspunkte, um diesen Stamm zu finden. Das Risiko dieser Reise war groß. Ich muß tatsächlich verrückt gewesen sein, daß ich trotz dieser Probleme darauf bestand, diese Fahrt zu unternehmen. Wegen des knappen Vorrats an Benzin mußten wir es genau rationieren. Ein Teil blieb in Tadoro – für unsere Rückfahrt von dort nach Kadugli. Das Benzin, das uns für unsere Fahrt zu den Kau-Nuba noch zur Verfügung stand, war sehr knapp. Nach unseren Berechnungen durften wir uns höchstens etwa 250 Kilometer von unserem Lager entfernen. Außer Mohamed und Horst begleiteten mich zwei unserer Nubafreunde, Natu und

Alipo, die sehr gute Läufer waren und im Notfall Hilfe herbeiholen konnten.

Es war Mittag und glühende Hitze, als wir losfuhren. Ich saß vorne neben Mohamed und Horst, Natu und Alipo waren rückwärts bei unserem Gepäck im Wagen. Es ging nach unserem Kompaß Richtung Osten. Nie werde ich diese Fahrt vergessen. Um die Hitze ertragen zu können, hatte ich mir nasse Tücher um Kopf und Oberkörper gewickelt. Wenn wir über Schlaglöcher und harte Bodenwellen fuhren, krachte der Wagen in allen Fugen. Bei jedem Stoß zitterte ich vor Angst, daß das Fahrzeug zusammenbrechen würde. Bei Sonnenuntergang kamen wir in Talodi an, dem einzigen Ort, der mir noch bekannt war. Hier hoffte ich, Informationen über die Weiterfahrt zu den Messerkampf-Nuba zu erhalten. Aber niemand konnte Auskunft geben. Man riet uns, am nächsten Tag bis Kologi zu fahren und dort weiterzufragen.

Am nächsten Morgen waren wir schon bei Sonnenaufgang unterwegs. Wenige Stunden später erreichten wir Kologi, wo es einen kleinen Markt gibt, auf dem wir uns Tomaten und Zwiebeln kauften, aber auch hier konnten wir keine Auskünfte erhalten. Schließlich fuhren wir weiter bis Gedir, da dies der letzte östlich gelegene Ort war, den wir auf unseren Karten finden konnten. Dann kam Niemandsland bis zum Weißen Nil, ohne Angabe von Pisten, Ortsnamen und so weiter. Irgendwo in diesem Niemandsland mußten die von uns gesuchten Nuba leben. Mohamed fuhr wie der Teufel, und wir waren überraschend schnell in Gedir. Es schien ein Sammelplatz für Baumwolle zu sein. Hier gab es nur einige kleine Häuser und Hütten, aber große Baumwollplantagen.

Nach kurzer Rast fuhren wir weiter durch wegloses Steppengelände, über die Stengel schon abgeernteter Durafelder (Korngetreide). Wir begegneten keinem Menschen. Einige Male kamen wir an einzelnen Hütten vorbei, aber diese waren verlassen. Unsere Hoffnung, die Nuba zu finden, schwand mehr und mehr. Einmal versperrte uns ein breites, ausgetrocknetes Bachbett die Weiterfahrt. Lange mußten wir suchen, bis wir eine Stelle fanden, um das Bachbett durchqueren zu können. Nachdem dies gelang, hatten wir eine Reifenpanne. Während der Reifen geflickt wurde, saß ich in dem trockenen Gras und machte mir Vorwürfe über diese unsinnige Reise. Ich war total erschöpft, und alle Glieder schmerzten von dem starken Schütteln des Wagens. Sollten wir jetzt umkehren? Noch war die Hälfte unseres Benzinvorrats, bei dem wir unbedingt umkehren mußten, nicht verbraucht, aber wir konnten nur noch eine kurze Strecke fahren.

Mir war inzwischen eingefallen, was man mir bei meinen früheren Nachforschungen gesagt hatte, daß diese Nuba auch in Bergen oder Felsen wohnen würden, die steil aus der Ebene herausragen. Dies war für mich ein wichtiger Hinweis, und ich versuchte, am Horizont Berge zu entdecken. Mohamed fuhr wegen des schwierigen Geländes jetzt vorsichtig und sehr langsam. Ich schaute mir die Augen nach den Bergen aus.

Die Landschaft wechselte ihren Charakter. Wir sahen keine Felder mehr, sondern viele Sträucher und ab und zu riesige, uralte Bäume. Oftmals lenkten wunderschöne, buntgefiederte Vögel meine Aufmerksamkeit vom Absuchen des Horizontes ab. Plötzlich fühlte ich einen Schock. Ganz in der Ferne hatte ich zwischen den Gipfeln großer Bäume die fast nicht wahrnehmbare, blaßblaue Silhouette einer Bergkette entdeckt. Ich zeigte Horst und Mohamed die Richtung. Doch die Silhouette war wieder verschwunden. War es eine Fata Morgana – war es nur mein starker Wunsch, der mir diese Vision vorgaukelte? Aber dann sahen auch die andern die Bergkette am Horizont. Von neuer Hoffnung erfüllt, näherten wir uns den Bergen. Nach einer knappen Stunde waren wir in deren Nähe, aber noch immer hatten wir keinen Menschen gesehen. Endlich entdeckten wir einige Hütten und sogar ein größeres, aus Steinen gebautes Haus. Hier hofften wir, Näheres über die Nuba zu erfahren. Als wir im Schatten eines großen Baumes aus dem Wagen kletterten und gierig aus unserem Wassersack den Durst löschten, versetzte Horst mir einen Stoß und zeigte auf das Steinhaus. Ich wollte meinen Augen nicht trauen, denn dort standen inzwischen ein- bis zweihundert weiß gekleidete Kinder, die uns aus der Ferne beobachteten. »Eine Schule«, sagte Horst mit einem Ausdruck bitterer Ironie, »und«, fuhr er fort, »ich habe es dir gleich gesagt, daß es Blödsinn ist, diese Fahrt zu machen.« Auch ich war tief enttäuscht, denn wo es eine Schule gibt, findet man wohl kaum Eingeborene, die noch ihr ursprüngliches Leben führen. In diesem Augenblick näherte sich uns ein Hüne von einem Mann, bekleidet mit einer sauberen Galabia (arabisches Gewand) und dem typisch arabischen kleinen Käppchen auf dem Kopf. Er begrüßte uns sehr freundlich in arabischer Sprache. Mohamed, glücklich, endlich mit jemand sprechen zu können, redete lebhaft auf ihn ein. Dann erfuhren wir von ihm, daß wir uns tatsächlich in dem von uns gesuchten Gebiet der Nuba befinden würden und daß dieser fast zwei Meter große Hüne der *mak* (Häuptling) aller hier lebenden Nuba sei. Wir waren froh, daß wir unser Ziel erreicht hatten, wenn es auch in keiner Weise den Vorstellungen entsprach, die ich mir gemacht hatte. Nachdem der *mak* sich wieder von uns verabschiedet hatte, beschlossen wir, eine Nacht zu bleiben und am nächsten Morgen zurückzufahren. Aufnahmen, so glaubten wir mit Bestimmtheit, würden wir hier nicht machen können. Wir hatten alle Hunger, und so wurde erst einmal Tee gekocht. Nach einer halben Stunde gab Mohamed jedem eine Schüssel mit Makkaroni und Tomatensauce. Gestärkt und erfrischt betrachtete ich mir nun die Landschaft. Sobald man aus dem Schatten in das Sonnenlicht trat, brannte die Sonne so stark, daß man die Hitze kaum ertragen konnte. Trotzdem holte ich meine Kameras aus den Kisten, um einige Landschaftsaufnahmen zu machen. Natu, Alipo und Mohamed hatten ihre Betten im Baumschatten aufgestellt und sich schlafen gelegt.

Es war so merkwürdig und ungewöhnlich, daß, nachdem der *mak* gegangen war und die Schulkinder auch nicht mehr zu sehen waren, sich niemand uns näherte. Wir waren ganz allein. Noch niemals hatte ich so etwas erlebt. Sonst kamen auch in den entlegensten Gegenden Afrikas, wo ich Halt machte, nach kurzer Zeit Eingeborene, die mich neugierig betrachteten.

Fern in den Felsen sah ich viele kleine Hütten. Ich bat Horst, mich dorthin zu begleiten. Es war ungefähr vier Uhr nachmittags, die Sonne stand schon schräg. Eine fast geisterhafte Ruhe umgab uns. Die Landschaft war sehr schön. Der Boden war mit kleinen Stechpalmen bedeckt, deren kräftiges Grün sich malerisch gegen die gelben Farben des Strohs und den rotockerfarbigen Erdboden abhoben.

Bald standen wir vor den Dorfhütten, die bis in die höchsten Felsplatten des Berges hinauf gebaut waren, ziemlich kleine, runde Lehmhütten mit spitzen Strohdächern. Das Dorf schien ausgestorben. Nachdem wir über einige Felsplatten hinaufgeklettert waren, sahen wir zwei kleine, erschreckt davonlaufende Kinder. Wo Kinder sind, müssen auch Erwachsene sein, also kletterten wir weiter die Felsen hinauf. Plötzlich blieb ich stehen – ich hatte etwas Ungewöhnliches gesehen. Zwischen den Häusern, über den Felsboden hüpfend, liefen zwei junge, bildschöne Mädchen. Sie waren unbekleidet, aber von Kopf bis Fuß mit leuchtend roter Farbe geschmückt und eingeölt. Im Augenblick, als sie mich sahen, waren sie auch schon wie vom Boden verschluckt. Dieses unerwartete Erlebnis versetzte mich in Erregung. Ich bekam Herzklopfen und rief nach Horst, der schon weiter oben in den Felsen herumstieg. Er hatte die Mädchen nicht bemerkt. Von der irren Hitze, Müdigkeit und Erschöpfung spürte ich plötzlich nichts mehr. Ich hatte nur den Wunsch, zu fotografieren. Aber wieder war es geisterhaft still. Da deutete Horst mit der Hand nach oben. Über einem Felsblock schauten die Köpfe eines Mädchens und zweier Kinder hervor. Ihre Blicke waren scheu und mißtrauisch. Es gelang mir, einige Aufnahmen zu machen, dann waren sie wieder blitzschnell hinter dem Felsen verschwunden.

Ich war überglücklich, denn nun wußte ich, daß meine Reise nicht vergebens war. Da die Sonne sich neigte, beschlossen wir umzukehren und am nächsten Tag unsere Suche fortzusetzen.

An unserem Lagerplatz hatte sich wieder der *mak* eingefunden. Mohamed hatte ihm einen Tee gekocht und führte ein Gespräch mit ihm. Unsere arabischen Sprachkenntnisse waren damals noch sehr dürftig, so daß wir kaum etwas verstanden. Da aber Horst und ich ganz gut die Masakin-Nuba-Sprache erlernt hatten, konnten wir Natu und Alipo, die auch etwas Arabisch sprachen, als Dolmetscher für unsere Gespräche mit dem *mak* einsetzen.

Meine erste Frage über Natu an den *mak* war: »Wie heißt das Dorf hier?«

»Kau«, antwortete der *mak*.

»Gibt es noch mehr Dörfer hier, in denen Nuba leben?«

»Noch zwei Dörfer, Nyaro und Fungor.«

»Wie weit sind diese Dörfer von Kau entfernt?«

Seine Antwort war: »Nicht weit«, und, so fügte er, auf unseren Wagen deutend, freundlich hinzu, er würde uns morgen, wenn wir es wünschen, zu den Dörfern hinführen.

Seine Gesten waren würdevoll, und sein Gesichtsausdruck verriet Intelligenz.

»Bist du ein Araber oder Nuba?« fragte ich.

»Ein Nuba«, sagte er mit feinem, aber stolzem Lächeln.

Da hörten wir ganz aus der Nähe ein leises, dann stärker werdendes Trommeln. Indem sich der *mak* erhob und in die Richtung der Trommeltöne deutete, sagte er: »Njertun, ein Mädchentanz.«

Sofort griff ich nach meinen Kameras, und Horst holte, so schnell er konnte, seine Filmkamera heraus. Ich war vorausgelaufen, um noch einige Aufnahmen in den letzten Strahlen der untergehenden Sonne zu machen. Ganz behutsam schlich ich mich in die Nähe des Tanzplatzes. Es war ein ungewöhnlicher und bezaubernder Anblick. Diese schlanken Geschöpfe bewegten sich nach dem Rhythmus der Trommelschläge in tänzerischer Anmut. Auch sie waren nackt, eingeölt und in verschiedenen Farbtönen geschminkt. Die Farbskala ging vom tiefen Rot über Ocker bis zum Gelb. Als Tanzrequisit hielten sie biegsame Ruten oder aus Leder geflochtene Peitschen in den Händen. Auffallend waren ihre langen schlanken Beine. Ihre Bewegungen waren aufreizend und wurden immer wilder, obgleich kein einziger Mann, mit Ausnahme der beiden Trommler, in ihrer Nähe war. Sie tanzten im Kreis, jede für sich allein, oder in Gruppen zu zweit oder zu dritt, um eine Rakoba herum, ein schattenspendendes Strohdach, das von einigen Baumstämmen gehalten wird.

Die Tanzenden hatten mich nicht bemerkt, da ich mich hinter einem Baumstamm versteckt hatte und mit dem Teleobjektiv fotografierte. Durch die von den Mädchen aufgewirbelten Staubwolken entdeckte ich Horst. Auch er versuchte, möglichst unbemerkt, diese einmaligen Impressionen auf dem Film festzuhalten. Leider konnten wir nur wenige Minuten filmen und fotografieren, da es dunkel wurde. Für mich war es das größte optische Erlebnis, das ich bisher in Afrika gehabt hatte.

Als wir zum Lagerplatz zurückkehrten, gab es eine neue, ganz unglaublich klingende Nachricht. Der *omda*, so wird der *mak* hier bei den Südostnuba genannt, teilte uns mit, daß morgen um die Mittagsstunde in Fungor ein *zuar* stattfinden würde. *Zuar* nennen die Südostnuba ihre Messerkämpfe, von denen ich schon vor vielen Jahren gehört hatte, die mir im Traum erschienen sind und deretwegen ich hauptsächlich diese abenteuerliche Reise unternommen hatte. Es gab also doch noch diese Kämpfe. Was für ein Zufall hatte mich hierher geführt – oder gibt es doch so etwas wie einen sechsten Sinn? Todmüde fielen wir alle an diesem Abend in einen tiefen Schlaf.

Die Sonne stand schon am Himmel, als ich erwachte. Alle waren schon auf. Der Benzinkocher brannte, und bald gab es Tee und einen Haferflockenbrei. Gegen Mittag fuhren wir mit dem *omda* nach Fungor. Nach einer ungefähr halbstündigen Fahrt hielt der Wagen. Zuerst sah ich außer vielen Bäumen nur eine gewaltige Felswand, doch dann entdeckte ich im Schatten eines großen Baumes eine Gruppe von Männern. Ohne Zweifel waren dies Kämpfer, denn einige dieser Männer banden sich runde Doppelmesser um das Handgelenk. Bis auf einen Mann, der ein Tuch um die Hüften trug, waren sie alle nackt. Ihre Körper und Gesichter waren bemalt. Jeder sah anders aus, hatte andere Farben, andere Muster und anderen Schmuck. Der Schmuck, meist aus Leder oder Metallstückchen, war ebenfalls mit derselben Farbe wie der Körper übermalt. Es fiel mir auf, daß fast alle die gleichen Frisuren hatten, die nur durch einige Varianten voneinander abwichen. Auf jeder Seite des Kopfes, über den Schläfen, waren die Haare keilförmig ausrasiert. Die Kopfmitte war durch einen weißen Federkamm oder durch ins Haar gesteckte Erdnüsse betont. Ich wagte noch nicht, mich der Gruppe zu nähern und zu fotografieren, so sehr mich auch ihr Anblick faszinierte. Der *omda* erklärte uns dann, daß dies die Kämpfer von Nyaro wären und hier auf ihre Gegner, die Kämpfer von Fungor, warten würden. Sie hätten einen Lauf von gut zwei Stunden hinter sich.

Da höre ich plötzlich laute Schreie und Rufe. Die Kämpfer aus Fungor kommen. Es ist ein aufregendes Bild. Mit federgeschmückten Köpfen stürmen sie, hintereinander laufend, in den vor uns liegenden Raum. Einige der jungen Kämpfer laufen in verschiedene Himmelsrichtungen, bleiben dort stehen, biegen den Oberkörper zurück und stoßen dann durchdringende Schreie wie Raubvögel aus. Nun springen auch einige der Nyarokämpfer auf, laufen dem Gegner entgegen und stoßen ebenfalls die bis ins Mark dringenden Schreie aus. Immer mehr Männer kommen, in Gruppen und einzeln, über den Kampfplatz. Ihre Bewegungen sind von unglaublicher Eleganz – sie bewegen sich wie Raubkatzen. Kein einziges weibliches Wesen ist zu erblicken. Später erfahre ich, daß bei diesen Kämpfen niemals Mädchen oder Frauen anwesend sein dürfen und daß die Männer, die keine Messer am Armgelenk tragen, Schiedsrichter, Freunde oder Verwandte der Kämpfer sind.

Es beginnen einige Paare mit den sogenannten Scheinkämpfen, das heißt, die Paare stehen sich in kämpferischer Haltung gegenüber und halten ihre Stöcke in Angriffsstellung. Aber dann wird es ernst. Einzelne Kämpfer gehen in die Mitte des Kampfplatzes, wo sie sich, auf einem Bein kniend, niederhocken. Sie warten auf den Gegner.

Doch nun beginnt tatsächlich ein Kampf. Alles geht so schnell, daß ich den Vorgängen kaum folgen kann. Zuerst schlagen sich die beiden Kämpfer mit den Stöcken. Diese Schläge werden mit einer so unheimlichen Wucht ausgeführt, daß sie einen Schädel, eine Hand oder ein Bein zertrümmern könnten, wenn dieser Schlag nicht mit größter Reaktion und

Geschicklichkeit abgefangen würde. Dieser Kampf mit den Stöcken ist von ganz kurzer Dauer – nur wenige Sekunden –, dann fliegen die Stöcke in die Luft, und die beiden Gegner sind ineinander verkrallt. Sie versuchen, durch ihre Kampftechnik zu verhindern, daß sie von dem gefährlichen Schlag mit dem Messer getroffen werden.

Angefeuert von den Umstehenden, versucht jeder der Kämpfer seinen Gegner kampfunfähig zu machen. Ein Aufschrei der Zuschauer – die Schiedsrichter stürzen sich auf die Kämpfenden, um diese zu trennen. Einer von ihnen ist blutüberströmt. Das Blut fließt aus einer starken Kopfwunde. Während die Schiedsrichter versuchen, die beiden Kämpfer festzuhalten, sehe ich, wie ein Mann dem Verwundeten Sand in die Wunde streut und ihm ein Palmenblatt um den Kopf bindet, um das Blut zu stillen, das dem Kämpfer über das Gesicht läuft undihn am Sehen hindert.

Zu meiner Überraschung geht der Kampf trotzdem weiter. Die Erregung der Menge wird größer – der Kampf immer wilder. Die Zuschauer schreien und drängen sich näher an die Kämpfenden heran. Plötzlich stürzen beide Kämpfer zu Boden. Der Sieger muß ein Kämpfer aus Nyaro sein, denn die Nyaroleute laufen kreuz und quer schreiend über den Kampfplatz und machen Freudensprünge. Unterdessen sitzt der Verlierer, ein Fungorkämpfer, bei seiner Gruppe. Augenpartie und Kiefer sind stark geschwollen. Er blutet aus mehreren Wunden, die jetzt von seinen Freunden ausgewaschen werden. Mit keiner Miene verrät er seine starken Schmerzen. Inzwischen gehen die Kämpfe weiter.

Nun wagte ich, mich dem Kampfplatz zu nähern und meine ersten Aufnahmen vom Kampf zu machen. Ich hatte meine beiden Kameras umgehängt und diese mit Motoren und langen Teleobjektiven versehen. Es war unglaublich aufregend. Nachdem ich einige Totalaufnahmen bekommen hatte, ging ich immer näher an die Kämpfer heran, bis ich schließlich mitten im Getümmel war. Hier wurde ich verjagt, lief aber auf der anderen Seite wieder hinein. Glaubte ich, brauchbare Aufnahmen bekommen zu haben, lief ich schnell wieder heraus. Ich wußte, daß diese Aufnahmen einmalige Dokumente sein würden, darum kämpfte ich jeden Augenblick um ein Bild. Horst hatte weniger Glück. Bei jedem seiner Versuche, die Kämpfe zu filmen, wurde er von den Schiedsrichtern daran gehindert. Er war ganz verzweifelt. Als ich dann so richtig in Schwung war – ich hatte schon einige Filme verknipst –, brach der Kampf ganz plötzlich ab. Was ich in dieser Stunde gesehen und fotografiert hatte, übertraf meine kühnsten Träume. Am Ende meiner Kräfte, völlig verschwitzt, verstaubt, aber sehr glücklich, gelangte ich zu unserem Wagen. Einige der Gruppen gingen nach Fungor. Die Nyarokämpfer traten ihren Rückweg an.

Der *omda* wollte uns das Dorf Fungor zeigen. Fungor ist viel kleiner als Kau, hat aber die gleichen Hütten und kleinen Kornspeicher, die alle wegen der Regenfälle auf großen Felssteinen erbaut sind. Als wir ins Dorf kamen, waren die Kämpfer nicht mehr zu sehen. Sie hatten sich in die

Hütten zurückgezogen, wo sie sich von den Anstrengungen der Kämpfe ausruhten.

Während der *omda* seine Bekannten im Dorf besuchte, ging ich durch das Dorf und versuchte, meine ersten Kontakte mit diesen Nuba zu machen. Bald mußte ich erfahren, daß dies sehr schwierig war. Die Kinder liefen ängstlich fort, ebenso alle Mädchen und Frauen. Richtete ich meine Kamera auf einen Mann, so erhob er drohend seine Hand. Mir blieb nichts anderes übrig, als die Häuser und ein paar Ziegen und Schweine zu fotografieren. Mit großem Bedauern stellte ich fest, daß diese Nuba, die mich keineswegs sehr freundlich anschauten, ganz anders waren als »meine« Masakin-Nuba aus den Nubabergen.

Nachdem die Sonne fast hinter den Felsen verschwunden war und nach meinen erfolglosen Bemühungen, die Menschen im Dorf zu fotografieren, bat ich den *omda*, mit uns nach Kau zurückzufahren. Denn am nächsten Tag mußten wir leider die Heimreise antreten. Der *omda* zögerte und deutete auf einen Baum, unter dem ein alter Mann saß, der eine große Trommel in den Händen hielt. Mir wurde klar, daß sich hier noch etwas abspielen würde. Tatsächlich sah ich jetzt aus der Ferne Mädchen kommen, die, so wie gestern in Kau, gefärbt und eingeölt waren. Als das Trommeln begann, kamen immer mehr Mädchen herbei und begannen, sich in den Hüften zu wiegen. Dabei hielten sie gebogene Ruten und Peitschen in den Händen. Nun erschienen auch junge Männer. Es waren dieselben, die ich vor einigen Stunden auf dem Kampfplatz gesehen hatte. Allerdings waren sie kaum wiederzuerkennen. Mit Federn und Perlen geschmückt, frisch eingeölt und mit originellen Mustern bemalt, schritten sie langsam an den tanzenden Mädchen vorbei, diese mit keinem Blick streifend. Sie setzten sich in der Nähe der Tanzenden auf Steine. Auffallend war ihr ernster Gesichtsausdruck – niemand lächelte. Die Stöcke mit beiden Händen umfassend, hielten sie die Köpfe gesenkt und blickten zu Boden. Die einzige Bewegung, die sie machten, war ein ständiges Zittern eines ihrer Beine, an denen kleine Glöckchen angebunden waren, deren Geklingel, so schien es mir, ihre innere Erregung symbolisieren sollte. Ab und zu stand einer der Männer auf und ging mit tänzerischen Schritten umher, die im Gegensatz zu den wilden Tanzbewegungen der Mädchen wie Bewegungen in Zeitlupe wirkten. Dieser enorme Gegensatz der Bewegungen der Männer zu denen der Mädchen war faszinierend. Bevor sie zu ihren Plätzen zurücktanzten, blieben sie vor dem Trommler stehen und stießen dieselben seltsamen Raubvogelschreie aus wie mittags auf dem Kampfplatz. Die tanzenden Gestalten in dem aufgewirbelten Staub, der immer stärkere Rhythmus der Trommel, das fahle grüne Licht der Dämmerung erschienen wie ein unwirkliches Schauspiel. Es war schon fast dunkel, als drei Mädchen ganz nah vor den sitzenden Männern tanzten. Plötzlich, bei einem Trommelwirbel, hoben die drei Mädchen ein Bein, schwangen es über den Kopf ihres auserwählten Mannes und legten es auf seine Schulter. Nur einen Augenblick, dann tanzten die Mädchen zu ihrer Gruppe zurück. Während dieser sehr intimen Zeremonie blieben die Blicke der Männer auf den Boden gerichtet.

Ohne damals auch nur die geringste Ahnung von der Bedeutung dieses Vorganges zu haben, wußte ich, daß dies nur eine ungewöhnliche Liebesaufforderung sein konnte. Ich war verzweifelt, daß ich wegen der Dunkelheit so etwas Einmaliges weder filmen noch fotografieren konnte. Morgen mußten wir Kau verlassen – es war unabänderlich. Während die Tänze bis in die Nacht hinein weitergingen, fuhren wir zurück nach Kau. Wir bedankten uns beim *omda,* der uns am nächsten Morgen noch das dritte Dorf, Nyaro, zeigen wollte. Da Nyaro nur wenige Kilometer von Kau entfernt liegt, konnten wir diese Besichtigung gut in unsere Rückreise einbeziehen. Die Landschaft zwischen Kau und Nyaro ist in ihrer Schönheit einzigartig. Gegen den tiefblauen Himmel erheben sich die rotgelben felsigen Berge. Wir fuhren an uralten Affenbrotbäumen vorbei, deren blattlose Äste sich gegen das saftige Grün der Palmenkronen und die bunten Farben der Sträucher abhoben. Bald sahen wir die ersten Hütten von Nyaro, vielleicht das schönste der drei Dörfer. Es ist größer als Fungor, aber kleiner als Kau. Vom *omda* erfuhr ich, daß in diesen drei Dörfern ungefähr dreitausend Nuba leben, deren Häuptling er ist. Es leben unter ihnen auch einige Araber, die einen bescheidenen Handel betreiben. Bei ihnen kann man Öl, Zwiebeln, Zucker und Salz sowie einige Gewürze kaufen. Ihr Verhältnis zu den Nuba ist überraschend gut.

Vor der Hütte eines solchen Arabers ließ der *omda* den Wagen halten. Wir wurden herzlich begrüßt und zu einem Tee eingeladen. Kinder liefen neugierig und lachend herbei. Ab und zu kamen Frauen mit einem Topf auf dem Kopf vorbei. Sie nahmen keine Notiz von uns. Lange hielt ich es beim Teetrinken nicht aus. Mit meinen Kameras ging ich auf Erkundigungen. Ich hatte Glück. Im Schatten eines Hauses saß ein junger Mann. So etwas Unglaubliches hatte ich noch nie gesehen: er hatte sich den Körper phantastisch bemalt – wie ein Leopard. Am auffallendsten aber war seine Gesichtsbemalung. Auf der einen Gesichtshälfte war ein stilisierter Strauß gezeichnet, die andere mit abstrakten Ornamenten bemalt, schwarz auf gelbem Grund. Zu meiner Überraschung ließ er sich ohne zu protestieren fotografieren. Dann stand er lässig auf und ging in die Hütte. Ich war sprachlos, wagte aber nicht, ihm zu folgen. Unschlüssig stand ich da. Als ich mich umdrehte, sah ich in nur wenigen Metern Entfernung eine Gruppe von drei Männern. Auch sie hatten ihre Gesichter und Körper bemalt – jeder mit anderen Zeichnungen und Ornamenten, es waren keine primitiven Malereien. Die Harmonie zwischen den Farben und Formen des Körpers und den Linien der Gesichter verrieten ein hohes Maß künstlerischer Begabung. Doch als ich diese Gruppe fotografieren wollte, winkten sie ab und gingen fort.

Ich wußte, daß man viel Zeit und Geduld benötigen würde, um mit diesen Menschen Kontakte oder gar Freundschaften schließen zu können. Geduld hatte ich, aber dieses Mal keine Zeit. Was ich in diesen zwei

Tagen gesehen hatte, war so ungewöhnlich, so einmalig, daß ich beschloß, alle meine anderen Arbeiten zurückzustellen, um so bald als möglich wiederzukommen.

So nahm ich Abschied von einer fast irrealen Welt, die mich mit Sehnsüchten und Träumen erfüllte.

Die Wiederkehr nach Kau

Anfang Dezember 1974 – neun Monate nach meiner ersten Reise nach Kau – hatte ich meine Expeditionsvorbereitungen fast abgeschlossen, so gründlich wie noch nie. Nach den Erfahrungen meiner vielen Afrika-Expeditionen wußte ich genau, was man nicht vergessen darf, wenn man sich monatelang tief im afrikanischen Busch, abseits von jeder Einkaufsmöglichkeit, aufhalten will. Aber das Allerwichtigste, zwei gute Geländefahrzeuge, oder wenigstens eines, konnte ich auch dieses Mal nicht aus Europa mitbringen. Die Lieferung und der Transport eines Geländewagens nach dem Sudan waren aus zeitlichen Gründen nicht mehr möglich. Das wäre beinahe für meinen Begleiter und mich zum Verhängnis geworden. Überhaupt schien diese Expedition von Anfang an nicht unter einem günstigen Stern zu stehen.

Wir hatten fast anderthalb Tonnen Gepäck, das mit dem Flugzeug nach Khartoum geflogen werden mußte. Der Frachtraum für den Flug war rechtzeitig gemietet worden. Aber in Khartoum warteten wir vergebens auf unsere Fracht. Als sie endlich mit Verspätung eintraf, fehlte ein Gepäckstück mit unentbehrlichen Gegenständen: Kabel, Kamerafolien, das Filmstativ und weitere Teile für unsere Film- und Fotoarbeiten. Da wir hierfür keinen Ersatz im Sudan finden konnten, mußten wir das Material aus Deutschland kommen lassen und verloren dadurch eine weitere Woche. Mitte Dezember wollte ich spätestens in Kau sein – jetzt war schon Weihnachten, und wir saßen immer noch in Khartoum. Jeder Tag hier war für uns ein zeitlicher Verlust. Das Schlimmste aber war die Unmöglichkeit, in Khartoum einen Lastwagen oder Unimog zu mieten, trotz meiner guten Beziehungen zu den sudanesischen Behörden und Persönlichkeiten und trotz der vielen Freunde und Bekannten.

Hoffnungen und Versprechungen zerplatzten wie Seifenblasen. Ich war verzweifelt. Welche Mühe hatte es gemacht, die ganzen Vorbereitungsarbeiten für die Expedition abzuwickeln. Jetzt waren wir schon seit drei Wochen in Khartoum – so nah am Ziel und doch konnte noch alles scheitern.

Durch einen Brief des sudanesischen Innen- und des Außenministers sollte ich Hilfe bei der Armee in El Obeid bekommen, der Hauptstadt der Provinz Kordofan. Sie ist von Khartoum aus mit der Eisenbahn in 38 bis 50 Stunden Fahrt zu erreichen. Mit dem Flugzeug sind es nur zwei Stunden. Aber Flugzeug wie Eisenbahn sind wochenlang ausgebucht. Mit etwas Glück konnte ich Ende Dezember nach El Obeid fliegen. Aber Horst mußte mit den anderthalb Tonnen Gepäck, 40 bis 50 Kisten, Koffer und Säcke, mit der Eisenbahn fahren. Tagelang wartete ich in El Obeid auf sein Eintreffen. In der Zwischenzeit war es mir aber gelungen, von dem zuständigen General eine Zusage für unseren Transport nach

Kau zu erhalten. Wir erhielten einen Landrover, der allerdings schon 15 Jahre alt war und keine Ersatzteile hatte, und einen Lastwagen für unser Gepäck. Aber das Benzin war rar, selbst bei der Armee. Wir erhielten zwei Fässer, das mußte für die Hinfahrt und für drei bis vier Wochen Aufenthalt reichen. Wir versuchten überall, Ersatzteile, Benzin und Öl zu bekommen. Vor allen Dingen aber waren für unsere weite Fahrt Ersatzschläuche das Wichtigste, denn die Bereifung des Landrovers war sehr schlecht, und wir mußten mit vielen Reifenpannen rechnen. Aber alle Bemühungen waren vergeblich – wir bekamen nichts. Trotz dieses großen Risikos mußten wir die Reise antreten. Ich war glücklich, daß wir überhaupt die Möglichkeit hatten, nach Kau zu kommen. Irgendwie wird es schon weitergehen, dachte ich mir. Vor uns lag eine Strecke von ungefähr 600 Kilometern, von denen besonders das letzte Drittel sehr schwierig zu fahren war.

Für die letzten siebzig Kilometer dieser zweitägigen Fahrt benötigten wir mehrere Stunden, die sehr aufreibend waren. Durch die vergangene Regenzeit waren die wenigen Pisten, die wir von unserer letzten Fahrt noch in Erinnerung hatten, nicht mehr befahrbar. So mußten wir sehr langsam versuchen, irgendwie durch das Gelände zu kommen. Oftmals mußten Baumstämme weggeräumt werden, oder zu große Steine versperrten uns die Weiterfahrt. Der Lastwagen drohte einige Male umzukippen. Auch gab es verschiedene Pannen. An manchen Stellen mußten die Wagen sich durch so enges Buschwerk zwängen, daß neben und über uns die Äste nur so krachten. Hier konnten wir nur weiterkommen, wenn einer von uns dem Wagen voranging, um die Durchfahrtsmöglichkeiten zu suchen. Der Weg nach Kau wurde wirklich zu einer Nervenzerreißprobe – aber endlich lichtete sich das Gestrüpp, und wir sahen die Berge von Kau. Es war der 5. Januar 1975. Wir waren total erschöpft.

Wie bei unserem ersten Besuch schlugen wir unser Lager unter demselben großen Baum auf, dessen riesige, fast dreißig Meter breite Krone einen idealen Schattenplatz abgab.

Am Abend kam der *omda,* um uns zu begrüßen. Er schien sehr erfreut zu sein und bot uns seine Hilfe an. Das Vordringlichste war, einen hohen Strohzaun um unseren Lagerplatz zu errichten. Schon am nächsten Morgen schickte uns der *omda* vier Männer, die den Zaun bauen sollten. Andere brachten Baumstämme und große Bündel von Stroh. Sie arbeiteten mit großer Geschicklichkeit. Der Zaun wuchs schnell. Bis zum Abend war unser Lagerplatz, der ungefähr zwanzig zu zwanzig Meter maß, eingezäunt. Horst hatte inzwischen eine primitive Türe aus Baumstämmen gezimmert, die man abschließen konnte.

Unser »Haus« war beinahe fertig. Es erschien mir schöner als jede Prachtvilla oder Luxus-Suite eines Hotels. Die Hitze war Anfang Januar noch gut zu ertragen. Als ich abends auf meinem Bett lag und zwischen den Zweigen der Baumkrone die ersten Sterne aufblitzen sah, schien mir die Welt vollkommen zu sein.

Am nächsten Tag bauten die Nubamänner in der Nähe unseres Lagers ein »Häuschen« für menschliche Bedürfnisse. Eine große Annehmlichkeit, wenn man nicht immer in die Felsen gehen wollte, wo es Schlangen und Skorpione gab. An den inneren Zaunwänden unseres Lagerplatzes ließen wir lange Holzgestelle und Steinbänke bauen, auf denen wir unsere Metallkisten, Seesäcke und sonstiges Gepäck hochstellen konnten, damit es nicht von Ameisen zerfressen wurde. Schließlich mußte noch ein etwa zwei Meter tiefes Loch gegraben werden, in das wir unser Film- und Fotomaterial, das in Isoliertaschen lag, stellten, um es vor der kommenden großen Hitze zu schützen.

Nachdem diese Arbeiten beendet waren, nahmen wir Abschied von Suliman, dem Fahrer unseres Lastwagens, der denselben wieder nach El Obeid zurückbringen mußte. Es war dies die letzte Gelegenheit, Briefe mitzugeben, denn von nun an, das wußte ich, gab es keine Möglichkeit mehr, irgendwie mit der Außenwelt in Verbindung zu kommen. Abu Gubeiha war zwar nur 130 bis 150 Kilometer von Kau entfernt. Aber das Gelände war so schlecht, daß unser alter Landrover ohne Begleitfahrzeug und ohne zu großes Risiko diese Strecke nicht fahren konnte. Außerdem konnten wir uns auch wegen der Benzinknappheit keine so weiten Fahrten leisten. Wir waren uns dieser prekären Lage durchaus bewußt. Aber ich hoffte auf die Hilfe des Generals in El Obeid. Suliman, ein Soldat, erhielt einen Brief von mir an den General, in dem ich ihm unsere ernste Lage schilderte und ihn bat, sobald als möglich einen Lastwagen mit Ersatzteilen, Benzin und Öl zu schicken. Denn was würde mit uns geschehen, wenn auf einer unserer Erkundungsfahrten der Landrover zusammenbräche und was sollten wir tun, wenn der Benzinvorrat verbraucht war? Auf der Fahrt von El Obeid nach Kau hatten wir durch die langen Strecken, die im ersten Gang gefahren werden mußten, fast doppelt soviel Benzin gebraucht, wie wir errechnet hatten. Es mußte also jeder Liter Sprit gespart werden. Selbstverständlich bekam Suliman neben dem Brief auch einen größeren Geldbetrag mit, um notfalls diese Dinge auf dem Schwarzmarkt zu kaufen.

Mohamed, der Fahrer unseres Landrovers, ein noch sehr junger Soldat, war zuversichtlich und davon überzeugt, daß Suliman in spätestens einer Woche mit den gewünschten Dingen wieder da sein würde. Damit es für ihn, der nur Arabisch sprach und mit dem wir uns schwer verständigen konnten, nicht zu einsam werden würde, hatte der General ihm noch einen Kameraden mitgeschickt. Darüber war ich sehr froh, denn es erleichterte unsere Situation. Die beiden Soldaten hatten in unserer Nähe ein großes Zelt aufgeschlagen.

Soweit lief alles programmgemäß. Aber die erste große Enttäuschung kam bald. Als wir das Dorf besuchten, um Aufnahmen zu machen, war es wie ausgestorben. Solange wir auch um die Häuser gingen, in den Felsen herumkraxelten, wir sahen hauptsächlich Hunde, die uns laut anbellten, Kinder, die bei unserem Anblick davonliefen und einige wenige ältere

Leute. Aber auch diese winkten ab, wenn wir sie fotografieren wollten. Kein einziges junges Mädchen, kein einziger bemalter Mann war zu entdecken. Deprimiert kehrten wir heim. Dann bekamen wir Besuch von Tute, einem Verwandten des *omda*, der ihn geschickt hatte, um uns behilflich zu sein. Tute war ein sehr gut aussehender, noch junger Nubamann, der aber mit den Messerkämpfen schon aufgehört hatte und deshalb eine *galabia* trug (arabisches Gewand).

Erst später, als ich den arabischen Lehrer der Schule, Ibrahim, kennenlernte, der sich hier gut unter den Nuba auskannte und mit dem ich Englisch sprechen konnte, erfuhr ich vieles über die Sitten und Gebräuche der Südostnuba. Ohne diesen Dolmetscher wäre mir vieles unverständlich geblieben. Da er am Nachmittag und Abend fast immer Zeit hatte, nutzte ich die Gelegenheit, um mich über alles, was die Nuba hier betraf, zu informieren. So erfuhr ich von ihm, daß alle arbeitsfähigen Nuba sich noch für längere Zeit auf den Feldern bei den Erntearbeiten befinden würden. Da die Felder sehr weit von Kau entfernt liegen, kämen sie einige Wochen lang nicht in ihre Dorfhäuser zurück. Sie leben draußen, wo sie sich primitive Strohunterkünfte zum Schutz gegen die Sonne errichten. Darum also hatten wir niemand in Kau gesehen. Es war eine sehr schlechte Nachricht. Ibrahim informierte uns, daß die Nuba draußen auf den Feldern sich weder schmücken, ölen oder bemalen, sondern dieses alles erst tun, wenn die Erntearbeiten beendet sind.

Tute wurde uns bald ein unentbehrlicher Helfer. Er zeigte uns die Plätze in den Felsen, wo wir Wasser finden konnten, etwa fünf bis acht Kilometer von Kau entfernt. Mit unseren Soldaten benötigten wir täglich fast 100 Liter Wasser zum Trinken, Kochen und Waschen, das wir in großen 20-Liter-Plastikkanistern holten und filterten. Auch die Nubamänner, meist ältere Leute, die uns halfen, die schweren Kanister über die glitschigen Felsplatten zu tragen, besorgte uns Tute. Solange wir Benzin hatten, konnten wir mit dem Wagen bis in die Nähe des Quellwassers gelangen. Später, als wir ohne Wagen und Benzin waren, mußte ein Esel das Wasser schleppen.

Das Thermometer stieg von Tag zu Tag. Bald hatten wir im Schatten 35 Grad und mehr, doch dies war erst der Anfang.

Bisher hatte ich während meiner vielen Afrika-Expeditionen nie Unannehmlichkeiten mit Schlangen erlebt. Wir hatten Schlangenserum dabei und sogar einen kleinen Petroleum-Kühlschrank, ohne den wir weder das Schlangenserum noch verschiedene andere Medikamente frisch erhalten konnten. Aber es gibt kein Serum gegen die sehr giftige grüne Baumschlange und gerade diese hatte sich, von mir unbemerkt, in einen Sack verkrochen, in den ich jeden Morgen meine Bettlaken legte. Horst hörte meinen entsetzten Schrei, als ich in aller Frühe in den Sack griff und eine ungefähr zwei Meter lange grüne Schlange an meinem Arm vorbei ins Freie glitt. Geistesgegenwärtig erschlug er sie mit einem Stock. Ich war mit dem Schrecken davongekommen. Nach diesem Erlebnis spannten wir über unsere Betten zwei große Laken, um zu verhindern, daß Schlangen und anderes Getier von der Baumkrone auf uns herabfiel.

Schon am nächsten Tag gab es eine neue, unangenehme Situation, deren große Gefahr mir nicht bewußt war. Ich hatte mir gerade mein verstaubtes Haar gewaschen, da summte, möglicherweise angelockt durch den Duft des Shampoos, ein riesiger Bienenschwarm heran. Horst schrie: »Schnell unter die Decken!« Auf unseren Feldbetten hatten wir Plastikdecken, um die Matratzen vor dem Staub zu schützen. Nun lagen wir unter diesen Decken, und schon schwirrten Tausende von Bienen um uns herum. Es war grauenhaft. Die Hitze unter den Plastikdecken war unerträglich. Ich bekam kaum noch Luft. Der Schweiß floß aus allen Poren. Wie lange war dieser Zustand noch auszuhalten? Durch die etwas durchsichtigen Decken sah ich, wie Hunderte von Bienen auf unseren Decken herumkrochen. Horst schrie: »Die Decke nicht öffnen, die Bienen stechen Dich tot!« Das Brausen der Bienen wurde immer stärker, meine Angst immer größer. Fast pausenlos schrie Horst: »Tute, Tute, Mohamed, Arabi!« Aber niemand hörte ihn. So lagen wir, völlig erschöpft, über eine halbe Stunde, bevor Hilfe kam. Endlich hörten wir Stimmen und Geräusche. Tute war da und noch andere. Noch wagte ich nicht, die Decke zu öffnen, denn der Bienenschwarm brauste immer noch um mein Bett herum. Da hörte ich das Knistern von Feuer. Sie räucherten die Bienen aus. Damals wußte ich noch nicht, daß die Bienen in den Rauch fliegen und dabei sterben. Aber die Nuba wußten es. Das Ausräuchern war eine sehr gefährliche Sache. Ich dachte an die in der Nähe stehenden Benzinkanister, die Petroleumbehälter und Gaspatronen sowie an den ausgetrockneten Strohzaun. Nicht auszudenken, wenn das alles in Brand geraten würde. In Sekunden wäre alles ein großes Flammenmeer. Aber wir hatten noch einmal Glück. Als wir uns, erlöst, aus den Decken wikkelten und ins Freie taumelten, hing ein ein Meter langer Bienenschwarm an einem Baumast, unter den Tute und noch zwei andere Nuba brennende Strohfackeln hielten. Der Boden war mit toten Bienen übersät, aber noch viele flogen wie irre umher. Wir alle bekamen schmerzhafte Stiche ab. Erst als die Sonne unterging, waren wir von den Bienen befreit. Sie waren entweder im Rauch erstickt oder davongeflogen. Um nicht noch einmal in eine solch gefährliche Situation zu geraten, haben wir über unsere Betten Moskitonetze gespannt. Wir hatten diese vorsorglich mitgenommen, aber bisher in dieser trockenen Gegend, wo es wenig Insekten gibt, nicht benötigt.

Am nächsten Tag fuhren wir nach Fungor. Der *omda* begleitete uns, natürlich auch Tute. Beide glaubten, daß in Fungor ein *zuar* (Messerkampf) stattfinden würde. Endlich, dachten wir, kommen wir zu unseren Aufnahmen. Aber wir wurden enttäuscht. Was wir zu sehen bekamen, hatte nichts mehr mit dem zu tun, was wir noch vor knapp einem Jahr hier so grandios und unvergeßlich erlebt hatten. Nach sehr langem Warten auf dem Kampffeld, kamen zwanzig bis dreißig Männer an. Unter ihnen sahen wir nur zwei Kämpfer, die anderen waren Zuschauer oder Begleitpersonen, angezogen mit Shorts oder arabischen Kleidern. Von Nyaro waren auch nur drei oder vier Kämpfer gekommen. Man konnte sie in der Menge der Begleitpersonen kaum erkennen.

Die Kämpfe selbst waren ein schreckliches Durcheinander. Lange Streitigkeiten gingen voraus, wer gegen wen kämpfen durfte. Es kam dann überhaupt nur zu einem einzigen Kampf. Die Kämpfenden waren aber so sehr von den Zuschauern umringt, daß wir weder fotografieren noch filmen konnten. Ich ahnte, daß wir bei unserem vorjährigen, nur zwei Tage dauernden Besuch Sternstunden erlebt hatten, die sich vielleicht nie mehr wiederholen würden.

Nach diesem enttäuschenden Kampf fuhren wir noch in das Dorf Fungor. Aber auch hier gab es keine optischen Erlebnisse. Es blieb uns nur die Hoffnung auf die kommenden Wochen.

Die Unglücksserie schien nicht abzureißen. Der 11. Januar ist in meinem Kalender mit drei schwarzen Kreuzen angezeichnet. Am Morgen während des Frühstücks geschah das erste Unglück. Es gab plötzlich einen Knall, ich sah Flammen direkt an unserem Baum und meine Kleider, die dort auf einer Wäscheleine hingen, brennen. Horst gelang es, mit Decken und Sand das Feuer zu ersticken. Was war geschehen? Unser Gaskocher, längst abgestellt, war explodiert.

Kaum eine Stunde später lief ich innerhalb unseres Lagers mit dem Kopf gegen einen tief hängenden Baumast. Eine Gehirnerschütterung war die Folge. Während Horst, der sich beim Löschen des Feuers die Hand verbrannt hatte, mir Kompressen um den Kopf legte und Kamillenumschläge auf meine immer stärker anschwellenden Augenlider legte, hörten wir große Wagen herannahen, die direkt vor unserem Zaun anhielten. Horst schaute durch das Stroh und sagte: »Wir bekommen Besuch. Draußen stehen zwei Unimog-Fahrzeuge – es scheinen Touristen zu sein.«

Wie kamen Touristen hierher? Es war unfaßbar. Horst ging hinaus, um die Fremden zu informieren, daß ich mit niemandem sprechen könnte. Mir war übel – ich mußte mich übergeben. Später erzählte mir Horst, daß es nette Leute aus Deutschland waren, die durch die Indiskretion eines Beamten erfahren hatten, wo wir arbeiteten und die deshalb ihre vorgesehene Reiseroute änderten, angeblich, um mich zu besuchen. Schon am nächsten Tag verließen die Unimog-Fahrzeuge Kau. Aber der Leiter der Expedition sagte, daß er wiederkommen würde.

Wir beide waren sehr unglücklich über diesen Besuch, denn er war eine große Störung für unsere Arbeit. Besonders als viele Kinder und auch Erwachsene mit großen Geldscheinen zu uns kamen, die wir wechseln sollten, merkten wir, was die Touristen angerichtet hatten. Von Tute erfuhren wir, daß die Fremden mit Geld versucht hatten, die so scheuen Nuba vor die Kamera zu locken. Das war für unsere Arbeit eine Katastrophe. Denn mit Geld kann man zwar gestellte Erinnerungsfotos machen, aber keine Aufnahmen bekommen, die die Eingeborenen in ihrer natürlichen Lebensweise zeigen. Wenn man einmal den Eingeborenen Geld anbietet, ist es für einen Fotografen für immer aus. Ich dachte dabei an die Masai und andere afrikanische Stämme.

Da zur Zeit in Kau kaum etwas zu fotografieren war, besuchten wir Nyaro. Hier sah ich die hübschen, eingeölten Mädchen wieder. Aber wie scheue Gazellen liefen sie davon, wenn sie uns sahen. Trotzdem gelangen mir einige Aufnahmen mit langen Teleobjektiven. Auch beobachtete ich, wie sich zwei junge Männer, auf einem Felsen hockend, gegenseitig bemalten. Aber ich wagte mich noch nicht in ihre Nähe.

Tute, der uns begleitet hatte, erfuhr, daß in einigen Tagen hier vielleicht ein *zuar* stattfinden würde – man erwartete die Kämpfer aus Fungor.

Um uns diesen Kampf nicht entgehen zu lassen, fuhren wir von nun ab jeden Tag nach Nyaro. Denn niemand konnte genau sagen, an welchem Tag dieser Kampf stattfinden würde. Diese Besuche waren sehr aufregend, denn nicht alle Nuba aus Nyaro waren auf den Feldern, und so sahen wir immer öfter phantastisch bemalte Männer und Mädchen, die sich aber nicht fotografieren ließen. Noch nie hatte ich eine solche Kamerafeindlichkeit kennengelernt. Ich war verzweifelt, denn auch Horst hatte noch keinen Meter Film drehen können. Wenn er mit seiner Filmkamera erschien, machten sich vor allem die Kinder einen großen Spaß daraus, die anderen zu warnen, die sich dann in den Häusern oder hinter den Felsen versteckten. Es fing ein richtiges Katz- und Mausspiel an. Sobald wir aber die Kameras im Wagen ließen, lief keiner mehr fort. Sie kamen dann auf uns zu, zeigten uns ihre Häuser und Frauen, nur die jungen Mädchen hielten sich nach wie vor versteckt. Nur allmählich kam ein Kontakt zu einigen, die ich nun schon kannte, zustande. Trotzdem ließen sie sich immer noch nicht filmen und fotografieren. Es war für mich eine schreckliche Qual, diese schönen Menschen mit ihren phantastisch geschmückten und bemalten Körpern zu sehen und dies nicht im Bild festhalten zu können.

Tute hatte mir von dem *sibr* erzählt. Dies war der unsichtbare Geist, an dessen Existenz alle Nuba glaubten. Ihre Zauberpriester hatten in allen drei Dörfern bestimmte Plätze und Felshöhlen, wo sie sich als Medien mit dem *sibr* in Verbindung setzten. Auch gab es in jedem Dorf einen Stein, der dem *sibr* geweiht war und den man nicht berühren durfte. Als ich mich in Nyaro einmal ahnungslos auf diesen Stein setzte, schrien die in der Nähe stehenden Nuba und rissen mich von dem Stein herunter. Sie hatten geglaubt, ich würde tot umfallen. Daß dies nicht der Fall war, betrachteten sie als eine ihnen unbegreifliche Ausnahme. Aber von diesem Augenblick an stieg mein Ansehen bei ihnen. Vielleicht waren es die Zauberpriester, die die Nuba gewarnt hatten, sich nicht fotografieren zu lassen.

Der so oft angekündigte Kampf zwischen Nyaro und Fungor fand nicht statt. Es hieß, daß noch zu viele Kämpfer aus Fungor bei der

Feldarbeit wären. Täglich kletterte das Thermometer höher. Wir hatten schon 38 Grad im Schatten. Das stundenlange erfolglose Warten hinter den heißen Felsen fing an uns zu zermürben. Wir verloren jeden Appetit und hatten nur das Verlangen nach Wasser. Um Mahlzeiten zu kochen, waren wir schon zu abgespannt. Unsere Hauptnahrung bestand aus Haferflocken, Tee und aufgelöstem Trockenmilchpulver mit Zucker und der Trockennahrung Bisorbin. Schon nach vier Wochen hatte jeder von uns gut 10 Kilo abgenommen.

Noch einmal versuchten wir unser Glück in Fungor. Nur wenige Eingeborene waren im Dorf. An einem Wasserloch, das gleichzeitig eine Tränke für die Rinder war, machte Horst einige Filmaufnahmen. Plötzlich schlug jemand auf die Kamera und dann bekam er einen Schlag ins Gesicht. Horst, der völlig überrascht war, versuchte vor allen Dingen, die wertvolle Filmkamera zu retten, denn der Angreifer – ein Nubamann – wollte sie ihm aus der Hand drehen und in das Wasserloch werfen. Horst befreite sich durch einen Tritt von dem Angreifer. Wir brachen die Arbeit ab und beschlossen, Fungor vorläufig nicht mehr zu besuchen.

Es war schon der 22. Januar und immer noch warteten wir vergebens auf Suliman mit seinem Lastwagen, auf die Ersatzteile und das Benzin. Ohne den Wagen und das Benzin konnten wir nicht zurückfahren. Wo blieb der Wagen? Als ich hohes Fieber bekam und einige Tage liegen mußte – das Wetter hatte sich plötzlich verändert, der Himmel bewölkte sich, die Sonne verschwand – wurde uns schlagartig die Gefahr der Isolierung hier bewußt. Als in diesen Tagen ein mit Baumwolle und Getreide voll beladener Lastwagen, vom südlichen Malakal kommend, durch Kau fuhr, stoppten wir den Wagen. Mit Geld erreichten wir, daß unser Soldat Arabi mitgenommen wurde, der glücklich war, nach El Obeid zurückzukehren und seine Frau wiederzusehen. Ebenso wie Suliman erhielt er einen SOS-Brief an den General mit und einen hohen Geldbetrag. Ich beschwor Arabi, alles zu tun, um sofort mit Wagen, Benzin und Ersatzteilen zurückzukommen – er kannte die Gefahr, in der wir uns befanden. Wir hatten für unseren Landrover kein Ersatzrad mehr, auch unser Benzinvorrat neigte sich dem Ende zu. Nach der Abreise von Arabi wurde das Wetter immer schlechter. Starke Sandstürme und in dieser Jahreszeit sonst nicht vorkommende dunkle Regenwolken beunruhigten uns sehr.

In diesen Tagen, in denen man nichts machen konnte als zu warten, hatte ich endlich Zeit, in dem Buch des amerikanischen Anthropologen James Faris zu lesen. Es war das einzige wissenschaftliche Buch, das ich über die Südostnuba finden konnte. Professor James C. Faris hatte an der Universität in Khartoum Anthropologie unterrichtet und in der Zeit von 1966 bis 1969, immer während der Trockenzeit, mit seiner Familie in Kau gelebt. Seine Studien bezogen sich im wesentlichen auf die Kunst der Körperbemalung dieser Nuba. Da er nicht nur Arabisch sprach, sondern auch die sehr schwierige Sprache der Südostnuba erlernt hatte, war es ihm möglich, Dinge zu erfahren, die vor ihm niemand wußte.

In seinem Buch, das 1972 im Verlag Duckworth in London erschienen ist, schreibt er: »Die Südostnuba stellen eine einzigartige und völlig abgeschlossene Gesellschaft dar, deren Brauchtum zweifellos innerhalb einer Generation verschwunden sein wird. Es ist von großem Interesse für den Staat, daß solche Traditionen festgehalten werden, bevor sie aussterben.«

Durch das Buch von Faris angeregt, wollte ich immer mehr über die Sitten und die Gesellschaftsordnung dieser Nuba erfahren. Durch Tute lernte ich den für die Beantwortung dieser Fragen wichtigsten Nubamann kennen, der auch dem amerikanischen Wissenschaftler Faris bei dessen Forschungsarbeiten sehr geholfen hatte: Jabor El Mahdi Tora, auch ein Verwandter des *omda.* Jabor war ein sehr ruhiger, intelligenter Mann, bescheiden und mit großem Taktgefühl. Willig stellte er sich täglich einige Stunden zur Verfügung und beantwortete mit Hilfe Ibrahims meine Fragen. Es ist unmöglich, im Rahmen dieses Bildbandes alles zu schreiben, was ich von Jabor erfuhr – dies würde ein Textbuch für sich ergeben. So möchte ich mich nur auf die Dinge beschränken, die zum Verständnis für die Fotos in diesem Bildband von Bedeutung sind. Jabor berichtete, daß außer Faris sich hier niemals Fremde längere Zeit aufgehalten haben – auch keine Missionare. Nur infolge der großen Isoliertheit konnten die Nuba ihre uralte Tradition der Körperbemalung beibehalten. Er führte uns auch mit Tute zu einem sehr alten unterirdischen Stollen, der etwa fünf Kilometer von Kau entfernt war. Wir zwängten uns durch einen Spalt, der unter Gestrüpp an der Erdoberfläche verborgen war und sahen dann, beleuchtet durch unsere Taschenlampen, die vielen langen Gänge, deren gelblich-rötliches Gestein seit Generationen von den Nuba abgebrochen wurde und aus dem sie die Farben für ihre Körperbemalung gewannen. Es ist sehr merkwürdig, daß nur dieser Nubastamm unter den über einhundert verschiedenen Nubastämmen diese kunstvolle Art der Körper- und Gesichtsbemalung ausübt. Völlig unbeeinflußt von den anderen Nubastämmen, von denen keiner auch nur ähnliche Frisuren, Ornamente und Körpertätowierungen aufweist, führen sie ein ganz eigenständiges Leben.

Interessant war auch, was Jabor mir über den Körperkult erzählte, wer nackt gehen dürfe und wer nicht. Nur wer jung und gesund sei und nach ihren Begriffen einen schönen Körper habe, dürfe nackt gehen. So würden sich zum Beispiel alle Männer, wenn sie mit den Messerkämpfen aufhören – dies geschieht im Alter von 28 bis 30 Jahren – nicht mehr schmücken, sich nicht mehr bemalen und auch nicht mehr nackt gehen. Sie sagen, wozu sich schmücken, wenn die Schönheit nachläßt. Selbst wenn sie auch nur eine kleine Krankheit haben, beispielsweise einen Schnupfen, bekleiden sie sich. Dasselbe ist auch bei den Mädchen der Fall. Sobald ein Mädchen spürt, daß sie schwanger ist, wird sie ein Lendentuch tragen und nie wieder unbekleidet gehen.

Das Wissen der Nuba über den menschlichen Körper ist so groß, daß sie für jeden Muskel, für jede Körperhaltung einen anderen Namen haben. Die Vielzahl ihrer Worte übertrifft bei weitem unseren Wortschatz. Für jede Schulter- und Bauchhaltung haben sie andere Namen. Ob beim Hocken die Fersen auf dem Boden haften oder der Körper nur auf den Zehen ruht, ob der Bauch eingezogen ist oder nach vorn gewölbt, ob die Schultern hängen, breit oder schmal sind, das alles bewerten sie. Es ist völlig ausgeschlossen einen Nuba oder eine Nubafrau zu sehen, die fett ist. Das finden sie häßlich. Faris schreibt in seinem Buch, daß die Südostnuba den gesunden und starken Körper feiern.

Ich lernte auch die drei wichtigsten Altersgruppen bei den männlichen Nuba zu unterscheiden. Die Knaben bis zum 15. oder 16. Jahr werden *tio* genannt. Ihr Alter kann man an der Haarform erkennen. Als ganz junge Knaben haben sie nur einen kleinen runden Haarkranz am Hinterkopf, in dem sie den Federschmuck befestigen können. Der Haarkranz wird von Jahr zu Jahr größer. Diese Knaben leben meist in Hirtenlagern außerhalb des Dorfes, wo sie die Herden betreuen. Aber ihre Lieblingsbeschäftigung ist der Ringkampf. Dies ist die Vorschulung für die sehr viel härteren und gefährlicheren Messerkämpfe. Es ist mir und auch den Wissenschaftlern nicht bekannt, daß es auf der Welt noch irgendeinen Stamm gibt, der diese gefährlichen Messerkämpfe ausübt. Nicht jeder *tio* wird ein Messerkämpfer, obgleich alle Knaben schon von frühester Jugend an sich in diesem Sport üben. Allerdings tragen sie dabei um ihre Handgelenke noch keine richtigen Messer, sondern solche, die aus Gras geflochten sind. Ein junger Mann kann nur dann ein Kämpfer werden, wenn er sich durch besonderen Mut und Geschicklichkeit auszeichnet. Natürlich möchte jeder von ihnen in die Klasse der Kämpfer aufgenommen werden. Denn diese sind die Helden und Vorbilder für die Jüngeren; auch genießen sie viele Vorzüge. Vom ersten Tag an, wo sie an einem Kampf teilnehmen dürfen, schneiden sie sich in ihren runden Haarkreis am Rand der Schläfen zwei dreieckige, zum Hinterkopf spitz zulaufende Keile, die jedem sichtbar zeigen, daß sie Kämpfer sind. Von diesem Augenblick an sind sie keine *tios* mehr, sondern werden *kadundor* genannt. Meist sind sie dann achtzehn Jahre alt. Nicht alle stehen die zehn Jahre dauernde Zeit der Kampfperiode durch. Manche werden durch Verletzungen kampfunfähig – oder sterben sogar an ihren Verletzungen.

Die Kämpfe sind fair, aber hart. Immer werden sie von Dorf zu Dorf ausgetragen – nie untereinander. Es gibt auch ganz große Kampffeste, wo alle drei Dörfer ihre besten Kämpfer entsenden. Es muß sich hierbei um eine uralte Sitte dieses Stammes handeln. Wenn ein *kadundor* die Altersgrenze erreicht hat, wo seine Reaktion nachläßt und er mit dem Kämpfen aufhört, wird er *kadonga* genannt. Er wird sich nicht mehr bemalen und wird Kleider tragen. Meist übernimmt er jetzt die Funktion eines Schiedsrichters.

Diese Kämpfe stehen in engem Zusammenhang mit dem Liebesleben der Nuba. Je besser ein Kämpfer ist, um so größere Chancen hat er bei den Mädchen. Die Sieger haben ein so hohes Ansehen, daß sogar verheiratete Frauen mit ihnen schlafen dürfen, wenn sie ein Kind von diesem Mann haben möchten. Der Ehemann wird das Kind annehmen und es wie sein eigenes erziehen. Sonst bestehen auch hier für die Ehe strenge Regeln. Wenn ein Mann ein Mädchen heiraten will, muß er für die Familie des Mädchens acht Jahre bis zur Hochzeit auf deren Feldern mitarbeiten. Wenn er dann später eine zweite und dritte Frau heiratet, braucht er diese Arbeiten nicht mehr zu machen. Es gibt genügend attraktive verheiratete Frauen, die geschieden sind oder ihrem Mann davonlaufen, um sich scheiden zu lassen. In solchen Fällen genügt es, wenn der Mann seiner Auserwählten Geschenke macht, meistens in Form von Öl oder Schmuck. Ungewöhnlich ist auch bei diesem Stamm, daß nicht der Mann das Mädchen zur Frau wählt, sondern das Mädchen den Mann. Dies geschieht jährlich bei den kultischen Liebestänzen, die meist einige Stunden nach den großen Kampffesten stattfinden. Ich erinnerte mich an den Tanz, den ich ein Jahr zuvor in Fungor gesehen hatte, wo die Mädchen ihre Beine auf die Schultern der Männer gelegt hatten.

»Wann werde ich einen solchen Tanz hier sehen?« fragte ich Jabor. »Wenn die Leute von den Feldern zurück nach Kau kommen.«

»Wann wird das sein?«

Jabor zuckte die Achseln und sagte: »Bald.«

Aber sie kamen und kamen nicht. Wir waren tief deprimiert und hatten schon alle Hoffnung aufgegeben. Da veränderte ein Zufall das Verhalten der Nuba zu unseren Gunsten. Es war der letzte Augenblick, denn wir waren nahe daran, alles aufzugeben.

Der schon seit langem angesagte Kampf der Dörfer Nyaro gegen Fungor, der immer wieder verschoben wurde, sollte heute bestimmt stattfinden. Die Stürme hatten nachgelassen, der Himmel war wieder blau und die Hitze enorm. Wir fuhren mit angespannter Erwartung nach Nyaro. Noch konnte man nichts von einem kommenden Kampf bemerken. Schon öfter hatte ich oben zwischen den Felsen vor einer Hütte ein sehr schönes Mädchen gesehen. Noch nie war es mir gelungen, es zu fotografieren. Dieses Mal hatte ich einen Beutel mit Perlen mitgenommen – es war ein Versuch. Wie immer lief sie in die Hütte, als sie mich heraufkommen sah. Ich folgte ihr. Von dem Sonnenlicht geblendet, konnte ich zuerst in der Hütte kaum etwas erkennen. Dann sah ich einige ältere Leute und Kinder, die mich erschreckt anstarrten. Das Mädchen sah ich nicht. Man konnte aber von dieser Hütte in andere gehen, sie hatte sich irgendwo versteckt. Ich setzte mich auf einen Stein. Da kam ein alter Mann mit einer Holzkalebasse und bot mir Wasser an, was ich leider – es war ja kein gefiltertes Wasser –, um die Leute nicht zu kränken, trinken mußte. Plötzlich sprach eine noch nicht sehr alte Frau lebhaft auf mich ein. Ich konnte kein Wort verstehen. Ich zog den Plastikbeutel mit den Perlen aus meiner Fotoschürze und hielt diesen der Frau vors Gesicht. Sie wollte den Beutel sofort greifen, aber ich entzog ihn ihr. Die Perlen müssen wie ein Wunder gewirkt haben – sie begriff schnell, für wen sie gedacht waren. Laut rief sie: »Jamila, Jamila!« Das Mädchen kam zögernd durch den schmalen Eingang der anderen Hüttenseite. Die ältere Frau, anscheinend ihre Mutter, zeigte auf die Perlen. Das Mädchen schaute mich fragend an. Ich zeigte auf meine Kamera, dann auf sie und hielt ihr den Perlenbeutel hin. Sie hatte sofort verstanden. Die Mutter gab ihr ein Zeichen, daß sie mit mir gehen sollte, was sie auch tat. Vor der Tür stellte sie sich steif wie eine Puppe hin, so wie ich es auch nicht anders erwartet hatte. Ich wollte ja auch nur einen ersten Kontakt herstellen. Sie war wunderschön – die Gestalt einer Amazone. Ihr Gesichtsausdruck hatte etwas Wildes und Trotziges. Nachdem ich einige Aufnahmen von ihr gemacht hatte, erhielt sie den Beutel. Sie setzte sich auf den felsigen Boden, ließ die Perlen vorsichtig, daß keine zu Boden fiel, durch ihre Hände gleiten und war andächtig in den Anblick der Perlen versunken. Ihre kleineren Geschwister kamen hinzu, und plötzlich hockten viele kleine Mädchen um mich herum. Alle streckten sie ihre Hände aus – alle wollten sie Perlen von mir haben. Ich mußte lachen, und alle lachten mit. Es war ein erster Kontakt. Als ich aufstand um fortzugehen, griffen sie nach mir, suchten in den Taschen nach Perlen. Sie zogen mich hin und her. Da sie stark eingeölt und gefärbt waren, sah ich in Kürze völlig verschmiert aus. Ich versuchte, meine Objektive vor dem Öl zu schützen, denn sie griffen auch nach meiner Kamera. Wie ein Bienenschwarm hingen die Mädchen an meinen Armen, zupften an meinem Rock und an meinen Haaren. Dies hatte ich weder gewollt noch erwartet. Ich mußte mich mit Gewalt losreißen.

Als ich hinunter zum Wagen kam, überstürzten sich die Ereignisse. Horst war schon ganz aufgeregt: »Wo bleibst du nur, die Vorbereitungen zum Kampf sind schon im Gange.«

Da hörte ich von den Felsen die mir schon vom Vorjahr bekannten markerschütternden Schreie der Nubakämpfer. Ich sah bemalte Männer hin- und herlaufen – eine große Aufregung schien sich der Dorfbewohner bemächtigt zu haben. Es gelang mir an diesem Tag zum ersten Mal, wirklich gute und unbeobachtete Aufnahmen zu bekommen, denn die Männer schienen mich kaum zu beachten. Sie waren zu sehr auf die Kämpfe konzentriert. Auch Horst konnte zum ersten Mal ungehindert filmen. Hinter einem Haus entdeckte ich in einem Kreis zehn oder zwölf Kämpfer. Sie hatten ihre Messer und Stöcke auf den Boden gelegt. Ich hörte die Stimme eines Mannes, der unter ihnen stand. Er war mit einer *galabia* bekleidet, doch sonst fiel nichts Besonderes an ihm auf. Er mußte aber wohl die Funktion eines Priesters ausüben, denn er sprach einige Minuten lang zu den Kämpfern, die ihm gesenkten Hauptes zuhörten. Als er mit seiner Rede aufhörte, nahmen die Kämpfer ihre Stöcke und Messer und gingen zu einer anderen Gruppe. Immer mehr kamen zusammen. Dann liefen sie alle gemeinsam mit geschmeidigen, katzenhaften

Bewegungen zum Dorf hinaus. Wir folgten ihnen mit unserem Wagen. Nicht sehr weit vom Dorf entfernt befand sich der Kampfplatz, ein großer, freier Platz, der teilweise von riesigen Bäumen umgeben war. Im Schatten von zweien dieser Baumriesen saßen die Kämpfer von Fungor. Da waren sie also, auf die alle so lange gewartet hatten. Ich zählte über zwanzig Kämpfer, die aus der Entfernung fast alle gleich aussahen. Als ich näher kam, um sie zu fotografieren, bemerkte ich, wie athletisch ihre Körper waren. Alle hatten sie Messer um das rechte Handgelenk gebunden, das mit vielen Amuletten geschmückt war. Einige hatten in ihre Haare kleine Wurzelstücke gesteckt und auf ihre Schultern gelblichbraunen Sand gestreut. Sie hielten ihre Stöcke umklammert und schauten alle in die gleiche Richtung, wo jetzt die Nyaro-Nuba mit großem Kampfgeschrei in das Feld liefen.

Ich wußte gar nicht, was ich zuerst fotografieren sollte. Horst war schon eifrig beim Filmen. Endlich war der Moment gekommen, wo wir arbeiten konnten.

Bald begann der erste Kampf. Es war viel schwieriger als vor einem Jahr, Aufnahmen zu bekommen. Zu viele Zuschauer liefen uns ständig vor die Kamera oder verdeckten die Kämpfenden. Als Horst sich näher an ein Kampfpaar heranpirschte, wurde er von den Schiedsrichtern verjagt. Mir erging es ebenso. Aber sobald ich ein neues Paar kämpfen sah, rannte ich zu ihnen und bevor ich verjagt wurde, hatte ich schon einige Aufnahmen gemacht. Es war ein ständiges Rennen, Jagen und Verjagtwerden. Da ich mit zwei Motorkameras arbeitete, hatte ich bald zehn Filme verknipst. Als ich zum Wagen lief, um neue zu holen, sah ich, wie auch Horst seine Filmkassetten wechselte. Wir waren zu aufgeregt, um miteinander zu reden. Schnell reinigte ich die Objektive vom Staub und rannte wieder zum Feld.

Ich sah, daß beide Kämpfer stark bluteten, aber unaufhörlich aufeinander einschlugen. Den beiden Schiedsrichtern gelang es nicht, die immer wilder Kämpfenden zu trennen. Es mußten schließlich weitere Männer zu Hilfe kommen, um ein schlimmes Ende zu verhindern. Weitere Kämpfe folgten. Wenn ein Schlag mit dem Messer den Schädel eines Kämpfers traf, konnte man das Krachen hören – ein schreckliches Geräusch. Aber das waren die Augenblicke, auf die anscheinend alle warteten. Solchen Schlägen folgten die Freudenschreie und Freudentänze der siegenden Partei.

Unfaßbar war es für mich, was diese Männer an Schmerzen aushalten konnten. So schwer auch die Verletzungen waren, kein einziger zeigte seinen Schmerz. Sie alle waren wie in einem Rausch – deshalb mußten Schiedsrichter anwesend sein, um im gefährlichsten Augenblick einen ungewollten Totschlag zu verhindern.

Es war schon Sonnenuntergang, als die Kämpfe zu Ende gingen. Verdreckt, verschwitzt und total erschöpft setzte ich mich in den Wagen. Wir mußten nach Nyaro zurück, um von dort nach Kau zu fahren. In

Nyaro sahen wir eine Gruppe von Leuten, die sich um einen Verletzten bemühten. Wir stoppten und schauten, ob wir helfen könnten. Es war ein Kämpfer mit arg zerschlagenem Schädel. An seinem Bein hatte man ein kleines Ziegenhorn angesetzt, wohl um das Blut dort abzuzapfen und damit das Bluten am Kopf zu verringern. In die tiefen Kopfwunden hatten die Nuba Sand gestreut – für unsere medizinischen Kenntnisse eine unmögliche Wundbehandlung. Horst ging zu dem Verletzten, sah sich die Wunden an und holte aus dem Wagen den Verbandskasten und einen Kanister Wasser. Die Nuba ließen ihn widerstandslos gewähren. Horst reinigte die Wunden und besprühte sie mit desinfizierendem Wundpuder. Die größte Platzwunde am Kopf, die weit auseinanderklaffte und die eigentlich genäht werden mußte, heftete er geschickt mit ein paar Klammern zusammen. Dann legte er dem jungen Kämpfer, der, noch ganz benommen, alles wortlos über sich ergehen ließ, einen Kopfverband an. Der Verletzte mußte noch ein paar Schmerztabletten schlukken. Aber wir konnten noch nicht fahren, denn die Nuba brachten uns einen weiteren Verletzten. Im Schein meiner Taschenlampe verarztete Horst auch diesen jungen Mann. Als wir schließlich unser Lager in Kau erreichten, fielen wir todmüde in unsere Betten.

Am nächsten Morgen, um sechs Uhr früh, bekamen wir Besuch aus Nyaro. An dem Kopfverband erkannten wir unseren »Patienten« von gestern abend. Die Schmerztabletten schienen Wunder bewirkt zu haben – er wollte weitere Tabletten haben. Nachdem er diese erhielt, bat er auch um einen neuen Verband, den er aber nicht bekam, denn ein Verbandwechsel war erst in drei Tagen notwendig.

Das war der Anfang engerer Kontakte mit den Nuba, aber auch gleichzeitig der Beginn einer uns völlig aufreibenden Belastung. Denn von nun an kamen Tag und Nacht kranke Männer, Frauen und Kinder mit den verschiedensten Krankheiten zu uns, aber auch mit den kleinsten Wehwehchen. Wir waren froh, helfen zu können. Aber der Zustrom der Kranken nahm ein solches Ausmaß an, daß wir nicht mehr zum Arbeiten kamen. Viele von ihnen waren gar nicht krank, sie wollten nur die Tabletten schlucken, von denen sie sich Wunder erhofften. Wir gaben ihnen harmlose Vitamin-Tabletten. Die Mütter brachten ihre kleinen Kinder, wenn diese nur eine kleine Kratzwunde hatten. Manche Kinder waren allerdings ernsthaft erkrankt; viele mit Verbrennungen, denn die Kleinen laufen oft in die Feuerstellen. Gerade in solchen Fällen konnten wir gute Erfolge erzielen, denn die Wirkung der Medikamente bei diesen Menschen war sehr stark. Dadurch gewannen wir bei vielen Familien gute Freunde. Wir konnten jetzt in den Dörfern Aufnahmen machen, die uns vor der Behandlung der Kranken nicht möglich waren. Jetzt hätten wir gut arbeiten können, aber es war oftmals unmöglich, denn mitten aus der Arbeit wurden wir fast mit Gewalt zu irgend einem Kranken gebracht. Die Nuba kamen dabei auf die merkwürdigsten Ideen. Eines Tages wollten sie unbedingt meine Brille für einen Blinden haben, da sie glaubten, daß er dadurch wieder sehen könnte. Ich hatte nämlich erklärt, daß die Sonnenbrille eine Medizinbrille für meine kranken Augen sei. Alle wollten meine Brille haben, waren dann aber verdutzt, wenn sie nichts sehen konnten, denn es war eine Dreifocus-Brille. Erst als der blinde Mann mit meiner Brille auch nichts sehen konnte, war niemand mehr an meiner Brille interessiert.

Von allen Dingen faszinierten mich die bemalten Gesichter der Männer am meisten. Es war unglaublich, welche Fantasie und welche künstlerische Begabung diese Eingeborenen hatten. Mit der Zeit kannte ich schon viele von ihnen mit Namen. Bald bemerkten sie, wie ich von ihren Bemalungen beeindruckt war und von da an versuchten sie, durch täglich neue Masken mich in Erstaunen und Begeisterung zu versetzen. Einige von ihnen waren besonders begabt. Ich erinnere mich vor allem an Junis, Kaduma, El Callas, Alimam und Molle. Mit ihren figürlichen und oftmals auch abstrakten Zeichnungen, die weniger kultische Bedeutung haben, sondern mehr der Ästhetik dienen, beherrschen sie alle Gesetze der Kunst. Ob sie sich symmetrisch oder asymmetrisch mit Ornamenten, Linien oder stilisierten Figuren bemalten, immer war der Eindruck harmonisch. Die Art und Weise, wie sie Zeichen und Farben benutzen, rührt an die Ursprünge der Kunst. Es war ein echter Kult, den die Mädchen und Männer mit ihrem Körper trieben.

Auffallend ist ihre große Sauberkeit. Bevor sie den Körper und das Gesicht bemalen, waschen sie sich und ölen sich ein. Denn ohne das Öl, das gut in die Haut einziehen muß, würden die Zeichnungen nicht möglich sein. Wenn sie die Farbe entfernen, benutzen sie eine feuchte Lehmerde, die sie ungefähr eine halbe Stunde auf dem Körper belassen. Diese Lehmerde saugt die Farbe und das Öl auf und wird dann abgewaschen. Danach wird der Körper aufs neue eingeölt. An manchen Tagen wechseln die Männer zweimal ihre gemalten Masken. Oft konnte ich meine Bekannten nicht wiedererkennen, so sehr hatten sich ihre Gesichter durch neue Muster verändert. Einige von ihnen besaßen Spiegel, die von den Engländern stammen, als diese noch den Sudan verwaltet hatten. Aber auch von arabischen Händlern erhielten sie ab und zu Spiegel. Ich hatte eine Anzahl von Spiegeln mitgebracht, aber ihnen noch keine gegeben, denn ich ahnte, was dann geschehen würde. Leider machte ich die Dummheit und schenkte einige meinen Bekannten in Nyaro. Das mußte ich bitter bereuen. Denn von nun an ließen sie mir, wenn ich sie besuchte, keine Ruhe mehr. Besonders die Knaben und Halbwüchsigen forderten unaufhörlich von mir die *mandaras* (arabisch für Spiegel). Wenn ich keine mehr hatte – und so viele, wie sie alle verlangten, hätte ich gar nicht mitnehmen können – griffen sie in meine Taschen und wurden aufdringlich und böse. Das breitete sich in Nyaro, Kau und Fungor wie eine Epidemie aus – wo ich erschien, riefen sie: »Leni mandara.« Etwas Ähnliches war uns schon vorher passiert, als wir von einigen Mädchen und Männern Sofortbildaufnahmen gemacht hatten. Jeder wollte von uns eine

Sofortbildaufnahme haben, für ihr Haus, wie sie sagten. Daß unsere normalen Film- und Fotokameras keine Papierbilder ausspuckten, begriffen sie nicht. Sie glaubten, dies wäre böser Wille von uns, was wieder zur Folge hatte, daß sie sich nicht mehr fotografieren ließen.

So kamen immer wieder neue und unerwartete Schwierigkeiten auf uns zu. Das Schlimmste aber war, daß schon Wochen vergangen waren, und Arabi, ebenso wie vorher Suliman, nicht zurückkamen, und wir keinen Wagen für den Rücktransport unseres Gepäcks hatten. Auch hatten wir fast kein Benzin mehr und konnten deshalb keine Fahrten von Kau unternehmen. Das Wasser mußten wir mit einem Esel holen. Nach Nyaro und Fungor konnten wir nicht mehr fahren. Und die Hitze, die inzwischen unerträglich wurde – 40 Grad im Schatten und mehr, auch in der Nacht kühlte es kaum ab –, machte es uns unmöglich, weite Strecken zu laufen.

Es folgten einige sehr schwere Wochen. Bei unserer Appetitlosigkeit wurden wir immer schwächer. Das untätige Warten auf die Rückkehr von Arabi und die Unmöglichkeit, ohne Benzin nach Nyaro und Fungor zu fahren – die Nuba von Kau waren immer noch auf den Feldern – entnervte uns. Wir erkrankten an Grippe, hatten abwechselnd hohes Fieber und waren am Rande totaler Erschöpfung. Meine Lippen waren so ausgetrocknet, daß sie sich wie trockene Blätter nach innen rollten. Beim Liegen mußte ich mich immer in nasse Tücher wickeln. Ein einziger Wunsch beherrschte uns: von hier fortzukommen und wieder daheim zu sein. Wir träumten von grünen Wäldern, von Meeresbrisen und lechzten nach Bier.

Aber wir hatten noch lange nicht die Aufnahmen, die wir heimbringen wollten und um deretwegen sich diese Entbehrungen und Strapazen gelohnt hätten.

Da kam Tute und sagte uns, die Nuba von Kau wären von den Feldern zurückgekommen. Das war das Zauberwort, das uns unseren Zustand vergessen ließ. Wir beschlossen, etwas Besonderes zu tun, um dadurch vielleicht die Gunst der Kau-Nuba zu gewinnen. Es war ein Experiment. Ich hatte von meinen Aufnahmen, die ich in den zwei Tagen meines ersten Besuchs hier gemacht hatte, Duplikate anfertigen lassen, und diese wollte ich ihnen vorführen. Wir hatten einen Projektor, Leinwand und ein Lichtaggregat mitgebracht.

An einem geeigneten Platz stellten wir unseren Landrover auf, an dessen Rückseite wir die Leinwand befestigten. Wir hatten den *omda,* Tute, Jabor und Ibrahim, den englisch sprechenden Lehrer, zu der Vorführung eingeladen und warteten mit großer Spannung, wie die Nuba auf dieses Ereignis reagieren würden. Denn es war sicher, daß sie so etwas noch nie gesehen hatten. Wie ein Lauffeuer mußte es sich herumgesprochen haben, daß die Fremden etwas Außergewöhnliches vorhatten. Bald hatten sich in der Nähe viele Menschen versammelt. Da es stockdunkel war, konnte ich die Gruppen nur im Schein meiner Taschenlampe erkennen.

Meine Versuche, sie vorher mit Blitzlicht zu fotografieren, mußte ich leider bald aufgeben, da sie, von dem Blitz erschreckt, davonliefen. Als ich das erste Bild zeigte – es war eine junge Mutter aus Kau, die ihr Baby im Arm hielt –, erscholl tosendes Gelächter, das sich noch steigerte, als ich dann die Nahaufnahmen des Babys folgen ließ. Es war für sie unfaßbar, daß ein Kopf so groß werden konnte, wie er auf der Leinwand erschien. Die Reaktion der Nuba auf die Bilder war unbeschreiblich. Ganz verrückt wurden sie, als ich die Messerkampfaufnahmen, die ich in Fungor gemacht hatte, zeigte. Namen schwirrten durch die Luft, sie schienen jeden, auch wenn er nur als Silhouette sichtbar war, zu erkennen.

Die Vorführung war jedenfalls ein ganz großes Ereignis und ein großer Erfolg. Nun durften wir hoffen, doch noch unsere Aufnahmen in Kau machen zu können. Wir hatten uns nicht geirrt. Schon am nächsten Tag kamen viele Besucher zu uns. Es waren vor allen Dingen junge Männer aus Kau – *tios* und *kadundors* –, die prächtig geschmückt und bemalt waren. Sie sahen wie lebend gewordene Bilder von Picasso aus. Noch nie war es mir bisher möglich gewesen, so interessante Aufnahmen zu machen. Trotzdem ließen sich nicht alle fotografieren. Um sie zu unterhalten, spielten wir ihnen auf unserem Tonbandgerät vieles vor, was wir bisher bei ihnen aufgenommen hatten. Am meisten lachten sie, wenn sie die Stimmen ihrer Bekannten erkannten und am aufgeregtesten waren sie, wenn sie die Tonkulisse der Messerkämpfer hörten.

Nun wurden unsere Tage turbulent. Filmen, fotografieren, die Kranken verarzten, die vielen Besucher empfangen und, wenn es unmöglich war, deren Wünsche zu erfüllen, sie freundlich zu vertrösten. Ab und zu besuchten uns jetzt sogar die jungen Mädchen von Kau. Einige kamen mit ihren Müttern. Sie setzten sich, scheu zu Boden blickend, auf ein arabisches Bett, das wir von den Nuba gekauft hatten. Ihr Verlangen, das sie zu uns führte, waren außer ihrer Neugierde vor allem die Perlen. Sie bekamen diese natürlich immer von mir, und einige dieser bildschönen Mädchen waren so nett, daß sie mir Metallspangen, die sie im Haar befestigten, und Armbänder, die sie trugen, schenkten. Mit einigen verband mich bald ein freundschaftliches Verhältnis.

Während dieser Zeit hatte ich ein unvergeßliches Erlebnis. Horst schlief schon – er hatte an diesem Tag besonders schwer gearbeitet. Ich beobachtete, wie der Mond über den Bergen von Kau aufging. Schon immer, von Kindheit an, hatte der Mond eine große Anziehungskraft auf mich ausgeübt. Einen so großen und so hellen Mond hatte ich jedoch nie gesehen. Ich hatte keine Ruhe zum Schlafen und ging, einen Stock und eine Taschenlampe mitnehmend, aus unserer Umzäunung heraus. Da war es mir, als ob ich ganz in der Ferne Trommeln hörte. Nur die Hunde bellten, sonst war es ganz still. Der Mondschein war so hell, daß ich auch ohne das Licht der Taschenlampe gut sehen konnte. Ich ging in die Richtung, aus der das jetzt immer stärker vernehmbare Trommeln kam.

Nach ungefähr zwanzig Minuten konnte ich am Rande des Dorfes eine große Anzahl von Nuba erkennen. Es waren junge Mädchen und Männer, die im Mondlicht tanzten. Was ich sah, war von einer so unwirklichen Schönheit, daß ich sie nicht beschreiben kann. Eine fast sakrale Stimmung ging von den Tanzenden und auch von den Zusehenden aus. Still hatte ich mich auf einen Stein neben eine Gruppe von Mädchen gesetzt, die mich erkannten und begrüßten. Es tanzten immer nur vier oder fünf Mädchen, die anderen lösten sie später im Tanz ab. Die Männer, die einzeln in der Mitte des kleinen Platzes tanzten, waren nicht bemalt, sondern nur sehr stark eingeölt. So wirkten sie wie lebende schwarze Marmorfiguren. Die Mädchen, ebenso wie die Männer vollkommen nackt, waren wie immer rot, gelb oder ockerfarbig geschminkt und eingeölt. Der Farbenkontrast zu den schwarzen glänzenden Männerkörpern war unglaublich. Keine Bühneninszenierung könnte solch eine Stimmung erzeugen. Zu den Trommeln, die oft den Rhythmus wechselten, sangen ältere Frauen Lieder, die wie Chorgesänge klangen. Unermüdlich wurde getrommelt, gesungen und getanzt. Die Männer saßen getrennt von den Mädchen. Sie berührten sich nie. Aber die Männer tanzten auf die Mädchen zu und die Mädchen tanzten vor den Männern, die, wie ich schon bei den Messerkämpfen und dem Tanz in Fungor gesehen hatte, bei einem bestimmten Trommelwirbel stehen blieben und ihre durchdringenden Schreie ausstießen, bevor sie nach einem Tanz auf ihren Platz zurückkehrten. Ich hatte keine Kamera bei mir. Aber wenn ich auch eine gehabt hätte, hätte ich nicht fotografiert. Mit Blitzlicht hätte man niemals diese Atmosphäre einfangen können. Nachdem ich ungefähr zwei Stunden lang dieses Erlebnis in mich aufgenommen hatte, ging ich, von den Nuba unbemerkt, zu meinem Lagerplatz.

Am nächsten Morgen kamen Junis und Habasch zu uns und drangen auf Horst ein, sie mit dem Wagen irgendwohin zu bringen. Sie waren Brüder und die »Stars« von Kau. Sie sahen nicht nur sehr gut aus, sie hatten auch vollkommene Figuren und waren die besten Kämpfer im Dorf. Junis, obgleich nur von rückwärts fotografiert, hatte sich bei der Diavorführung der Messerkampf-Aufnahmen erkannt und schien sehr stolz darüber zu sein. Wir befanden uns in einem Dilemma. Einesteils wollten wir ihnen den Gefallen tun, andererseits hatten wir nur so wenig Benzin, daß im äußersten Notfall einer von uns noch bis Abu Gubeiha hätte fahren können, um Hilfe zu holen. Wir mußten Mohamed, den Fahrer unseres Landrover, um Rat fragen, da nur er über den Benzinvorrat Bescheid wußte. Nach seinem Gespräch mit Junis und Habasch erklärte er sich mit dieser Fahrt einverstanden. Er wurde aufgeregt wie die zwei Nubamänner. Zu Horst sagte er »kanger kapier« (nuba-arabisch: sehr großer Leopard).

Ich hatte schon öfter gehört, daß es hier riesengroße Leoparden geben sollte, vielleicht die größten in der Welt. Aber ich glaubte es nicht recht. Allerdings hatten schon einige Male Leoparden große Rinder in Kau getötet. Das geschah immer nachts. Ein stundenlanges Bellen der vielen Hunde in Kau raubte uns dann den Schlaf.

Der Landrover kam bald zurück. In ihm lag ein erschossener Leopard, der mir so groß wie ein Tiger erschien. Junis und Habasch hatten ihn mit einer Eisenfalle gefangen und mit einem Schuß getötet. Sie besaßen ein uraltes Gewehr.

Nach dieser Fahrt gab es ein ernstes Gespräch mit Mohamed, das uns vor eine schwere Entscheidung stellte. Er hatte die Hoffnung, daß uns ein Wagen abholen würde, aufgegeben, nachdem er in seinem Radio, mit dem er die Nachrichten von Khartoum empfangen konnte, hörte, daß es dort politische Veränderungen gegeben hätte, die für uns ernste Folgen haben könnten. Der Außen- und der Innenminister, die uns durch ihre Unterstützung und Briefe an die zuständigen Gouverneure der Provinz Kordofan erst den Aufenthalt in diesem Gebiet ermöglicht hatten, sollten andere Posten erhalten haben. Auch einige Generale waren entlassen worden. Es konnte also sein, daß der General, an den ich meine SOS-Briefe geschickt hatte, gar nicht mehr in El Obeid war und daß deshalb die Fahrer mit dem Lastwagen nicht mehr zurückgekommen waren. Was für eine schreckliche Situation! Die Regenzeit war nahe. Wir konnten nicht hierbleiben, und wir konnten auch nicht fort. Mohamed hatte gerade noch soviel Benzin, daß er mit etwas Glück Abu Gubeiha erreichen konnte, eine kleine Ortschaft, die 130 bis 140 Kilometer nördlich von uns entfernt lag. Aber der Landrover war in einem so schlechten Zustand, daß diese Fahrt ohne ein Begleitfahrzeug ein enormes Risiko bedeutete. Unser Lager mit dem Film- und Fotomaterial und den wertvollen Kameras konnten wir nicht allein lassen. Einer mußte in jedem Falle hierbleiben und das konnte nur Horst sein, denn ich mußte nach Abu Gubeiha. Mohamed allein fahren zu lassen hatte wenig Sinn. Es war unbedingt notwendig, daß ich selbst versuchen mußte, von Abu Gubeiha Hilfe zu bekommen.

Ich nahm für einige Tage Proviant und einen großen 20-Liter-Kanister mit gefiltertem Wasser mit, außerdem eine Taschenlampe, Medikamente, meinen sudanesischen Paß und vielleicht das Wichtigste, die schriftlichen Genehmigungen der sudanesischen Regierungsstellen, die uns bestätigten, daß wir hier ungehindert filmen und fotografieren durften. Ich hoffte, in zwei Tagen wieder zurück zu sein.

Da wir mit Autopannen rechnen mußten, nahmen wir zwei Nubamänner mit, die im Notfall Hilfe holen konnten. Nach dreistündiger Fahrt passierte es, obgleich Mohamed sehr langsam fuhr. Der Wagen krachte, die Feder war gebrochen. Vergeblich suchte ich in der Steppenlandschaft einen schattigen Platz zum Ausruhen. Die Sonne stand hoch, und es war unerträglich heiß. Die drei Männer, die in dieser Hitze den Wagen notdürftig reparierten, waren völlig verschwitzt.

Nach knapp zwei Stunden konnten wir langsam weiterfahren. Kurz vor Abu Gubeiha hatten wir die zweite Panne. Dieses Mal war es nur ein

Reifen, den Mohamed noch flicken konnte. Kurz vor der Dunkelheit trafen wir, aufatmend, in Abu Gubeiha ein. Es ist eine kleine Stadt, in der einige tausend Araber wohnen, in der es auch Polizei, einen Distrikt-Offizier, ein Postamt, einen Markt und ein sehr gutes und großes Hospital gibt. Mit Bestimmtheit hoffte ich, hier Benzin, Petroleum und Ersatzschläuche zu erhalten und vor allen Dingen telefonisch oder telegrafisch beim Gouverneur einen Wagen anfordern zu können. Ich erhielt ein Bett im Resthouse, wo auch die Beamten wohnen. Wenn einer der Männer sich waschen wollte, mußte er durch das Zimmer gehen, in dem ich schlief. Alle Araber waren freundlich und versprachen, mir zu helfen. Mohamed war zu einer Garage gefahren, die beiden Nuba waren irgendwo untergetaucht. Schon nach kurzer Zeit kamen die Hiobsbotschaften. Niemand hatte Benzin und Öl, ganz zu schweigen von Ersatzschläuchen und anderen notwendigen Ersatzteilen für den Wagen. Die Telefonleitung war kaputt, der Funkverkehr gestört und selbst Telegramme konnten zur Zeit nicht aufgegeben werden.

Mit einem der Beamten besuchte ich jetzt sämtliche in dieser Stadt lebenden wohlhabenden Kaufleute, um für alles Geld, das ich hatte, einen Lastwagen zu mieten – unsere einzige Rettung, um von Kau abreisen zu können. Dieser Versuch scheiterte. Die wenigen Kaufleute, die eigene Wagen hatten, brauchten sie selbst. Das einzige, was ich nach stundenlangen Bemühungen erreichte, war, daß mir ein arabischer Händler 80 Liter Benzin verkaufte, die Menge, die Mohamed für eine Fahrt nach Er Rahad benötigen würde. Dort bestand nach Ansicht des Distrikt-Offiziers am ehesten eine Chance, Benzin zu bekommen, da in Er Rahad eine wichtige Eisenbahnstation ist. Aber Er Rahad ist weit von Abu Gubeiha entfernt, 250 bis 300 Kilometer in nördlicher Richtung, und dorthin sollen extrem schlechte Pisten führen. Es war deshalb fraglich, ob der Landrover bei seinem schlechten Zustand diese Strecke durchhalten würde. Ich bezweifelte es und noch viel mehr, ob Mohamed überhaupt zurückkommen würde. Trotzdem ließ ich ihn fahren und gab ihm Briefe, Telegramme und genügend Geld mit. Cola, der eine Nuba, sollte ihn begleiten, Jabor bei mir bleiben. Noch in der Nacht verabschiedeten sich Mohamed und Cola von mir. Ich spürte, daß der junge Soldat sich seiner Verantwortung bewußt war. Er drückte mir fest die Hand, schlug sich mit der Linken mehrmals auf seine Brust und sagte, als ob er meine Zweifel ahnen würde: »Mohamed, much Arabi, Mohamed beji tani« (arabisch: Mohamed ist nicht wie Arabi, Mohamed kommt wieder). Ich wollte ihm nur zu gern glauben, aber meine Erfahrungen ließen mir keine Hoffnung.

Ein Tag nach dem anderen verging, keine Nachricht von Mohamed. Ich war verzweifelt. Ich wollte zurück nach Kau, aber ohne Wagen war dies unmöglich. Da kam mir ein Zufall zu Hilfe. Eines Abends sagte mir ein Araber, daß in wenigen Minuten ein Lastwagen vorbeikäme, mit dem ich nach Kau fahren könnte. Der Wagen sollte Waren nach Malakal bringen. Er war voll beladen. Ich konnte mich noch auf die Bank des

Fahrers zwischen zwei Araber klemmen. Jabor mußte oben auf den Wagen klettern, wo noch viele Araber auf Kisten und Säcken saßen. So unbequem ich auch saß – zu viert im engen Fahrerhaus –, war ich doch glücklich, in einigen Stunden wieder in Kau zu sein. Es wurde mir gesagt, daß wir schon nach Mitternacht dort eintreffen würden. Aber es kam wieder einmal ganz anders. Nach einer ungefähr zweistündigen Fahrt hielt der Wagen irgendwo in der stockdunklen Nacht. Der Fahrer, ein Riese von Mann, stieg aus, ebenso die anderen Araber. Ich blieb allein im Wagen. Nach einer mir endlos erscheinenden Zeit kam der Fahrer zurück und deutete mir an, daß ich aussteigen sollte. Ich konnte mich nicht mit ihm verständigen und folgte ihm. Da sah ich einige Männer ein arabisches Bett in eine Strohhütte tragen. Man machte mir Zeichen, daß ich dort schlafen sollte. Ich war sprachlos – aber was sollte ich tun? Ich war ja diesen Männern ausgeliefert. Ich leuchtete mit der Taschenlampe die Hütte ab. Es war keine Wohnhütte, denn der Boden war von Tierkot bedeckt. Vor den Eingang – die Hütte hatte keine Tür – hatten die Araber ein großes Stück Wellblech gestellt. Trotz meiner Müdigkeit fand ich keinen Schlaf. Als der Morgen nahte und das erste Licht durch die Spalten fiel, hörte ich außer dem Krähen der Hähne Kinderstimmen. Bald wurde das Wellblech weggeschoben und eine Schar von Kindern stand staunend vor dem Eingang. Dann kam ein alter Mann, der mir ein Glas Tee brachte, den ich dankbar annahm.

Als Jabor und ich nach dem Wagen ausschauten, war der nicht mehr zu sehen. Von Jabor erfuhr ich, daß der Wagen hinaus auf die Felder gefahren war. Niemand wußte, wie lange er wegbleiben würde. Stunden vergingen, und es war schon Nachmittag, als der Wagen zurückkam. Wir fuhren weiter – wieder zu viert in der engen Kabine. Meine Knie, zwischen denen sich ausgerechnet der Schalthebel befand, waren ganz zerschlagen. Ich war froh, als wir kurz vor Mitternacht bei unserem Lager hielten.

Horst und ich richteten uns jetzt auf Notstand ein, da wir kaum noch damit rechnen konnten, daß Mohamed zurückkam.

Aber dieses Mal hatten wir uns getäuscht. Schon zwei Tage nach meiner Rückkehr hörten wir abends das Geräusch eines Wagens. Aufgeregt liefen wir hinaus, und – unfaßbar – da stand unser Landrover. Mohamed sprang aus dem Wagen, und Arabi folgte ihm. Überglücklich umarmten wir Mohamed. Er war unser Retter, vielleicht sogar unser Lebensretter. Auch Arabi, der etwas verlegen war, schüttelten wir die Hände. Stolz zeigte uns Mohamed zwei Fässer mit Benzin, die er mitgebracht hatte.

Erst am nächsten Tag konnten wir mit Hilfe Ibrahims die Geschichte von Mohameds abenteuerlicher Fahrt erfahren. Bei seiner nächtlichen Fahrt von Abu Gubeiha nach Er Rahad hatte er zweimal schwere Pannen. Es war ihm aber immer wieder gelungen, den Wagen fahrbar zu machen. In Er Rahad streikte der Wagen jedoch endgültig. Auch hier gab es kein Benzin. Mohamed ließ den Wagen und Cola in Er Rahad und fuhr mit der Bahn nach El Obeid. Dort erfuhr er, daß der General noch in Khartoum wäre. Der vertretende Offizier wußte von nichts und konnte ihm deshalb auch nicht helfen. Hier hatten es die anderen zwei Fahrer, Suliman und Arabi, aufgegeben. Obgleich beide mindestens zehn Jahre älter waren als der noch sehr junge Mohamed, blieben diese lieber daheim bei ihren Frauen, als sich danach zu drängen, wieder nach Kau zurückzukehren. Aber Mohamed besaß eine andere Mentalität. Obwohl er jung verheiratet war und seine Frau ihn schon seit längerer Zeit sehnlichst erwartet hatte, widerstand er der Versuchung, in El Obeid zu bleiben. Nachdem alle seine Bemühungen bei der Armee scheiterten, erreichte er aus eigener Initiative, beim Vertreter des Gouverneurs der Nordprovinz Kordofan vorgelassen zu werden. Ihm schilderte er unsere Situation. Und Sayed Mohamed Mahgoub Hassaballa half sofort. Er veranlaßte, daß Mohamed die wichtigsten Ersatzteile, das notwendige Benzin und Öl bekam und versprach, daß in wenigen Tagen ein Lastwagen nach Kau kommen würde, um uns abzuholen. Mohamed nahm Arabi gleich mit und kehrte, so schnell er konnte, nach Kau zurück.

Nun waren wir alle froh und versuchten, in den wenigen Tagen, die uns noch blieben, so viel wie möglich zu filmen und zu fotografieren. Der größte Feind, der uns noch blieb, war die immer mörderischer werdende Hitze. Es war April, der heißeste Monat des Jahres.

Ich wollte unbedingt die Tätowierung eines Mädchens oder einer Frau filmen. Wir hatten Glück, denn wir bekamen beides. In Kau gab es eine Frau, die eine Spezialistin für diese Schmucktätowierungen war. Sie hieß Macka und war eine »Patientin« von Horst. Ihr verdanken wir, daß wir die Einwilligung von einem Mädchen und einer verheirateten Frau erhielten, sie während dieser sehr schmerzhaften »Schönheitsoperation« filmen und fotografieren zu dürfen.

Aber auch für uns wurden diese Aufnahmen zu einer Qual. Es war nicht leicht, mit anzusehen, wie Macka mit einem Dorn die Haut herauszog und in dieselbe mit einem Messer schnitt. Erst erlebten wir die Tätowierung des Mädchens, einige Tage später die der Frau. Beide Male geschah dies etwas oben in den Felsen. Die Steine glühten von der Sonne. Wir begriffen kaum, wie die Menschen dies so lange aushalten konnten.

Besonders schmerzhaft war die Tätowierung der Frau. Durch Tausende von kleinen Schnitten verlor sie sehr viel Blut, denn ihr ganzer Körper wurde tätowiert. Zwei Tage dauerte diese Prozedur. Selbst bei den empfindlichsten Stellen versuchte die Frau, ihren Schmerz nicht zu zeigen, obgleich es wahnsinnig weh tun mußte. Ab und zu verriet ein Zucken in ihrem Gesicht, wie sehr sie sich beherrschte. Diese Tätowierung, die jede Frau über sich ergehen läßt, nachdem sie nach der Entwöhnung ihres ersten Kindes drei Jahre enthaltsam gelebt hat, ist eine der wichtigsten kultischen Handlungen der hier lebenden Nuba.

Manchmal kommt es vor, daß Frauen bei diesen schweren Tätowierungen ohnmächtig werden.

Wir waren froh, als wir diese Aufnahmen hinter uns hatten. Das Wissen, daß es einmalige Dokumente sein würden, gab uns die Kraft, durchzuhalten.

Am nächsten Tag wollten wir einen Ruhetag einlegen, da die Aufnahmen von der Tätowierung uns sehr mitgenommen hatten. Wie unter einem Zwang entschloß ich mich trotzdem, am Nachmittag nach Nyaro zu fahren. Was für ein Glück! Wir kamen mitten in ein Tanzfest hinein, wir wir es noch nie erlebt hatten. Niemand hatte es uns verraten.

Die Nuba waren schon in so großer Ekstase, daß, solange wir uns nicht direkt unter die Tanzenden mischten, wir ungestört arbeiten konnten. Es schien, als ob alle jungen Mädchen von Nyaro sich an diesem Tanz beteiligten. Auf den Felsen standen die Knaben und die jungen Männer, die noch keine Kämpfer waren, als Zuschauer. Die Kämpfer, die *kadundors,* saßen, bemalt und geschmückt, neben den Trommlern im Innenraum der Rakoba. Mit gesenkten Köpfen, ihre Stöcke umfassend und durch Zittern ihrer Beine die Glöckchen klingeln lassend, warteten sie auf die Liebeserklärungen der Mädchen. Die älteren Leute umsäumten den Tanzplatz und feuerten durch Rufe und Lachen die Tanzenden an. Zum ersten Mal sah ich, wie auch Frauen, die ein langes Tuch um die Hüften gebunden hatten, mittanzten. Sie alle hatten große lange Peitschen in den Händen. Die Stimmung war ausgelassen. Einige der Frauen tanzten mit ihren heiratsfähigen Töchtern. Plötzlich legten sie die Mädchen mit dem Rücken auf den Boden, hoben die Beine hoch und spreizten diese breit auseinander – warfen einen Blick in die Vagina und priesen dann, laut trillernd, die Jungfräulichkeit ihrer Töchter. Dabei drehten sich die Mädchen zum Liegestütz, verharrten eine Weile in dieser Stellung und sprangen dann auf, um weiterzutanzen.

Es war kein Zweifel, dies war das große Liebesfest, von dem uns Tute und Jabor erzählt hatten und das nur einmal im Jahr gefeiert wird. Als ich bemerkte, daß die reiferen Mädchen immer mehr auf die Männer zutanzten und einige von ihnen schon ins Innere der Rakoba eintraten, wollte ich den Augenblick, wo sie das Bein auf die Schulter des Mannes legten, unbedingt mit der Kamera festhalten. Ich ging so unauffällig wie möglich durch die Tanzenden, die etwas auswichen, auf die Rakoba zu. Doch da wurde ich schon von den Müttern umringt, die mich daran hinderten, diese Aufnahmen zu machen. Das machten sie sehr geschickt. Sie bildeten einen Kreis und tanzten um mich herum, so daß ich nicht fotografieren konnte. Inzwischen hatten zwei Mädchen die Beine auf die Schultern der Männer gelegt. Ich hätte vor Wut schreien können, daß ich dieses so seltene Geschehen nicht aufnehmen konnte. Ich riß mich von den Weibern los, rannte auf die andere Seite der Rakoba, wo gerade ein Mädchen, das mich nicht sah, vor ihrem Auserwählten tanzte. Mit vor Aufregung zitternden Händen stellte ich Belichtung und Entfernung ein und ließ den Motor surren. Schon waren die Weiber wieder bei mir. Dieses Mal machte ich gute Miene zum bösen Spiel. Ich versuchte, ihre Schritte nachzuahmen und tanzte einige Minuten mit ihnen. Von der Hitze und Anstrengung keuchend, setzte ich mich auf den Boden, um meine Filme zu wechseln. Aber durch meinen Tanz mit den Weibern hatte ich deren Gunst gewonnen. Sie drückten mir die Hände, gaben mir eine Peitsche und forderten mich zum Weitertanzen auf. Nachdem ich, die Peitsche schwingend, noch mehrere Tänze mit ihnen tanzte, riß ich mich los, um im allerletzten Licht noch einige Aufnahmen zu machen. Noch im letzten Moment gelang mir eine Aufnahme, auf der zwei Mädchen gleichzeitig denselben Kämpfer auserwählt hatten. Die eine hatte ihr Bein auf die rechte, die andere ihr Bein auf die linke Schulter gelegt. Tute erzählte mir später, daß in solchen Fällen die Entscheidung bei dem Mann läge, was unter den Mädchen oft zu heftigen Eifersuchtsszenen führen würde.

Auch Horst hatte Glück gehabt, denn es war ihm gelungen, diese seltenen Geschehnisse mit der Filmkamera einzufangen. An diesem Abend blieben wir lange in Nyaro, tranken mit den Nuba Marissabier und schlossen neue Freundschaften.

Am nächsten Tag kam der Lastwagen, um uns abzuholen. So froh wir waren, die Heimreise antreten zu können, so schwer fiel es uns, gerade jetzt die Arbeit abzubrechen. Denn mehr als drei Monate hatten wir gebraucht, um Kontakte und Freundschaften mit den Menschen zu schließen und um unsere Aufnahmen zu bekommen. Aber wir mußten fort, unsere Körper waren zu sehr geschwächt. So beschlossen wir, nur noch am letzten Abend vor unserer Heimfahrt einen Versuch zu machen, die jetzt jede Nacht im Dorf tanzenden Kau-Nuba aufzunehmen. Dies war aber wegen der Dunkelheit nur mit Scheinwerfern möglich. Wie nun die Nuba auf das Schweinwerferlicht reagieren würden, war die große Frage.

Nachdem alle Vorbereitungen abgeschlossen waren, warteten wir auf den Tanz. Gespannt beobachteten wir die Tanzenden – dann schalteten wir die Scheinwerfer ein. Lautes Geschrei und Lachen erscholl, und die Nuba waren im Dunkeln verschwunden. Aber dann, nach einer Weile, erklang wieder das Trommeln und die Nuba tanzten im Dunkeln weiter. Wir versuchten, sie wieder zum Licht zu locken, was uns aber nur teilweise gelang. Sie kamen zwar aus der Dunkelheit langsam heraus, weil ihnen das Licht Spaß machte, aber ihre Scheu war zu groß – sie kamen nicht nahe genug heran, daß wir sie aufnehmen konnten.

Nachdem wir die Vergeblichkeit unseres Versuches eingesehen hatten, packten wir alles zusammen. Es war das Ende unserer Arbeit in Kau. Um ihnen zum Abschied noch eine Freude zu machen, holte ich meine Perlen. Sie waren in einen großen Sack gefüllt – ein Schatz für die Nuba, denn schon seit langem hatten die arabischen Händler in dieser Gegend keine Glasperlen mehr. Mit Hilfe von Jabor und Tute begann ich mit der Verteilung. Am Anfang ging es noch ganz manierlich zu. Aber schon nach kurzer Zeit entstand ein solches Gedränge, Grapschen und Greifen, daß ich die Flucht ergriff und den Kampf um die Perlen den Nuba allein überließ.

Horst begann noch in dieser Nacht mit dem Packen. Nach Mitternacht wurde noch ein Schwerverletzter gebracht, den Horst verband. Ich konnte mich nicht mehr rühren und lag total erschöpft auf meinem Bett. Noch lange hörte ich das ferne Trommeln der Nuba. Erst gegen Morgen schlief ich ein.

Als ich erwachte, war unser halbes Lager schon ausgeräumt. Noch ganz vom Schlaf benommen sah ich, wie Mohamed, Arabi, Horst und der Fahrer des Lastwagens Kiste für Kiste hinaustrugen und auf dem Wagen verstauten. Immer mehr Nuba versammelten sich um uns. Für sie war es ein Ereignis, daß wir sie nun verließen. Als ob sie mir zum Abschied noch eine Freude machen wollten, hatten sich die Knaben und jungen Männer so fantastisch bemalt wie noch nie. Ich saß auf einem Hocker, hatte die Kamera umgehängt, war aber nicht mehr imstande, auch nur eine einzige Aufnahme zu machen. Die Tränen liefen mir übers Gesicht. Der *omda* kam, um sich zu verabschieden. Viele Nuba drückten uns die Hände. Wir spürten, daß wir viele Freunde zurückließen. Mohamed führte mich zum Wagen – dann noch ein letztes Zurückblicken und Winken. Bald lagen Kau und Nyaro hinter uns.

Werden unsere Aufnahmen etwas von der Eigenart und dem Zauber, den diese Nuba hier ausstrahlen, enthalten? Das ist die aufregende Frage, die uns während unserer langen Heimreise beschäftigte, denn es war unser Wunsch, daß durch diese Aufnahmen die Kultur dieses einmaligen afrikanischen Stammes der Nachwelt überliefert wird.

Viele Betrachter meiner Bilder mag es interessieren, welches Filmmaterial ich verwendet habe. Alle Bilder, die in diesem Buch enthalten sind, wurden auf Kodachrome- und Ektachrome-Filmen aufgenommen.

Seitdem ich fotografiere, arbeite ich mit Leica-Kameras. Da ich bei früheren Expeditionen problemlos die Eingeborenen fotografieren konnte und deshalb mit den Brennweiten von 21 bis 135 mm gut auskam, mußte ich dieses Mal wegen der Scheu und Feindseligkeit der Kau-Nuba nun meist mit sehr langen Teleobjektiven arbeiten. Meine Fotoausrüstung bestand aus zwei Leica M 3 und einer Leica M 5 mit folgenden Objektiven: 21, 35, 50, 90, 135 mm, ferner aus zwei Leicaflex SL Mot mit 2 Motoren und folgenden Brennweiten: 21, 28, 35, 50, 60 Macro, 90, 135, 180, 250, 400, 560 mm. Als Filter habe ich für alle Objektive der Leica M 3 und Leica M 5 UVa-Filter mitgenommen, die ich aber hauptsächlich zum Schutz der Objektive gegen Sand, Staub und Kratzer verwendet habe. Für die Leicaflex-Objektive hatte ich weder UVa- noch Skylight-Filter, sondern einige Grau- und Polarisationsfilter. Alle Aufnahmen in diesem Buch sind ohne Stativ gemacht. Nur für die 400 mm- und 500 mm-Objektive benutzte ich eine Schulterstütze. Dadurch war es mir manchmal möglich, auch Aufnahmen mit 1/60 Sekunde zu belichten. Für alle Bewegungsaufnahmen, wie zum Beispiel die Kampf- oder Tanzbilder benutzte ich die Leicaflex-Kameras mit Motor.

Es ist vielleicht auch interessant zu erwähnen, daß sogar die Porträtaufnahmen in dem Kapitel »Die Kunst der Maske« fast alle mit 180, 250, 400 und sogar 560 mm Brennweite gemacht werden mußten. Nur selten war es mir möglich, meine Lieblingsobjektive für Porträtaufnahmen mit 90 mm und 135 mm Brennweite zu verwenden. Ich möchte auch darauf hinweisen, daß die meisten meiner Bilder mit offener Blende gemacht worden sind – absichtlich, damit der Hintergrund möglichst unscharf wird, was neben der malerischen Wirkung das eigentliche Motiv hervorhebt.

Ich hatte auch zwei Blitzgeräte mit. Den ausgezeichneten Rollei Computer Blitz E 34 C und den ebenfalls sehr guten, kleinen Braunblitz F/027. Leider habe ich die beiden Blitzgeräte wenig einsetzen können, da nachts kaum Aufnahmen gemacht werden konnten, weil die Eingeborenen das Blitzen erschreckte. Am Tag habe ich, sooft dies möglich war, versucht, den Blitz als Aufhellung einzusetzen, hauptsächlich um die Farben in den Schatten herauszuholen. Aber das Arbeiten mit den Blitzgeräten war wegen der Schwierigkeit der Aufnahmen nur sehr begrenzt möglich. Fast alle Bilder sind Schnappschüsse, die meist in Sekundenschnelle entstanden sind. Ich bin sicher und es erscheint mir wichtig, dies noch besonders hervorzuheben, daß die Aufnahmen, die in diesem Bildband enthalten sind, nur mit Kleinbildkameras gemacht werden können.

Im Dorf

Die Aufnahmen dieses Bildkapitels ebenso wie die der anderen sind in den drei Dörfern Kau, Nyaro und Fungor gemacht worden, die sich im südöstlichen Teil der sudanesischen Provinz Kordofan befinden. Wenn ich diesem Bildband den Titel »Die Nuba von Kau« gab, so deshalb, weil Kau das größte der drei Dörfer ist und wir dort unser Lager aufgeschlagen hatten.

Auf den meisten der Afrika-Landkarten wird man die Namen dieser Dörfer nicht finden – sie sind zu klein, denn nur knapp dreitausend Menschen leben in ihnen. Die uralten Sitten und Gebräuche dieser Südostnuba sind einmalig: ihre große Kunst der Körper- und Gesichtsbemalung, ihre Messerkämpfe und Liebestänze. Daß sie ihre Traditionen bis zur heutigen Zeit beibehalten konnten, liegt wohl hauptsächlich an der großen Isolation, in der sie bisher lebten. Der nächste Sitz von Regierungsstellen liegt etwa 130 Kilometer entfernt, die kleine Stadt Abu Gubeiha, die aber nur während der Trockenzeit über sehr schwierige Pisten zu erreichen ist. In den sechs Monaten der Regenzeit ist der Boden so verschlammt, daß kein Fahrzeug dorthin gelangen kann.

Über die Vergangenheit der Südostnuba weiß man nur, daß sie mit Sicherheit über zweihundert Jahre dort ansässig sind – es können aber auch tausend Jahre und mehr sein. Außer dem sehr interessanten, bereits erwähnten Buch des amerikanischen Anthropologen James C. Faris gibt es kaum andere nennenswerte Informationen. Ihre Vergangenheit und der Ursprung ihrer einzigartigen Kunst sind unerforscht.

Die drei Dörfer sind nur wenige Kilometer voneinander entfernt. Sie liegen alle am Rande großer Felsberge, und viele ihrer Lehmhütten sind auf Felssteinen gebaut, besonders die kleinen runden Häuschen, in denen sie ihr Getreide aufbewahren, damit die gewaltigen Wassermengen in der Regenzeit das Getreide nicht wegspülen. Diese kleinen Rundhütten, die im Gegensatz zu den Wohnbehausungen, die normale Eingänge haben, nur kleine hochgelegene Rundlöcher als Eingang besitzen, dienen auch noch einem anderen Zweck: Die jungen Mädchen benutzen sie zur Aufbewahrung ihrer »Kosmetika«. Diese bestehen vor allem aus Öl und Farben, denn von ihrem vierten Lebensjahr ab müssen alle Mädchen täglich ihren Körper, ihr Gesicht und ihre Haare einölen und schminken. Hierfür gibt es die Farbskala von gelb bis rot. Jede Familie hat eine andere Farbschattierung, die streng eingehalten werden muß. Nur wenn die Haut eines Mädchens die Farbe, mit der es sich schminken müßte, nicht verträgt, darf es eine andere Farbe benutzen. In diesem Fall ist für die Nuba das Ästhetische wichtiger als ihre kultischen Gesetze.

Ein nicht eingeöltes Mädchen fühlt sich nackt und kann deshalb nicht am Dorfleben teilnehmen. Sie ist von der Gemeinschaft ausgeschlossen.

Nicht einmal bei dem fast jeden Abend in der Dämmerung stattfindenden Dorftanz, den die Nuba *buhl* nennen, darf sie mitmachen.

Dasselbe gilt auch für das Tragen eines Gürtels. Man wird niemals ein Mädchen oder einen Mann ohne einen Gürtel sehen, auch wenn derselbe nur aus einer Schnur oder einem Palmenblatt besteht. Ohne Gürtel fühlen sich die Nuba »nackt« und schämen sich.

Sie alle lieben es, sich zu schmücken. Mit viel Fantasie fertigen sie ihren Schmuck aus allen möglichen Materialien an, wie zum Beispiel aus Leder, Holz, aus Wurzeln, Federn, Erdnüssen und anderen getrockneten Früchten.

Nackt gehen sie nur, solange sie jung und schön sind. Die Mädchen bis zum Beginn der Schwangerschaft, die Männer, wenn sie mit den Messerkämpfen aufhören, weil sie dann das Höchstmaß ihrer körperlichen Entwicklung erreicht haben.

Professor Faris schreibt: »Die Nuba sagen, daß, wenn der Körper aufhört, schön, stark und gesund auszusehen, es auch zwecklos ist, ihn zu schmücken. Es gibt keine Gesetze, die den Älteren verbieten würden, nackt zu gehen oder sich noch zu schmücken. Aber wenn man es tut, dann wird man ausgelacht. Ihr Ideal ist der gesunde und schöne Körper.«

Die Südostnuba sind ein Agrarvolk. Sie haben ziemlich weit von den Dörfern entfernt ihre Felder, die sie vor allem mit Sorghum, einer sehr nahrhaften Hirseart, bebauen. Sie wird Dura genannt und ist ihre Hauptnahrung. Aber sie pflanzen auch Baumwolle, Sesam und Erdnüsse an, woraus sie das Öl gewinnen, das sie in großen Mengen brauchen. Sie benutzen es nicht nur zum Einölen ihrer Körper, sondern verwenden es auch zum Kochen. Auch trinken sie es leidenschaftlich gern, besonders die Kämpfer. Ich habe beobachtet, wie einige Kämpfer einen ganzen Liter Öl in einem Zug austranken. Sie treiben auch Viehzucht. Fast alle Familien besitzen Rinder, Schafe, Ziegen, Schweine und Hühner. Auch gibt es unter den Nuba ausgezeichnete Jäger. Ihre Hauptjagdbeute sind Antilopen, kleine und große Wildkatzen. Manchmal sind es auch Leoparden, die in den Dörfern viel Schaden anrichten, weil sie nachts die Rinder reißen. Außer der Jagd und der Viehzucht ist auch der Bau der Häuser eine Männerarbeit. Die schwere Arbeit auf den Feldern wird von den Männern und Frauen gemeinsam ausgeführt.

Die Hausarbeit übernehmen allein die Frauen. In stundenlanger mühseliger Arbeit, auf dem Boden kniend, zerreiben sie mit Steinen das Korn zu Mehl und kochen dann für die meist sehr zahlreiche Familie. Sie sammeln das Brennholz und holen mit großen Kalebassen, die sie auf dem Kopf tragen, das Wasser. Dies ist besonders in den heißen Monaten sehr anstrengend, da die Wasserstellen im Dorf schon versiegt sind und das Wasser von weither aus den Bergen geholt werden muß. Hierbei müssen auch die jungen Mädchen helfen, deren Hauptarbeit sonst nur die Betreuung der jüngeren Geschwister ist. Wegen der großen Hitze und der schweren Last gehen sie schon zwei Stunden vor Sonnenaufgang, in der Dunkelheit, aus ihren Hütten fort. Manchmal müssen sie zweimal am Tag Wasser holen. Das wird dann oftmals zu heimlichen Rendezvous mit ihren Liebhabern benutzt, die sie in den versteckten Felshöhlen treffen. Allerdings verraten die gelbrot gefärbten, öligen Felsen die Spuren dieser heimlichen Zusammenkünfte.

Die Kunst der Maske

Am auffälligsten und interessantesten ist bei den Südostnuba die Kunst der Gesichts- und Körperbemalung. Es gibt viele Stämme in der Welt, die sich bemalen. Aber es gibt keinen, bei dem diese Malereien eine so hohe künstlerische Vollendung erreichen.

Ihre Fantasie und ihr Gefühl für graphische Gestaltung sind ungewöhnlich. Wie sie die Farben aufeinander abstimmen, wie sie Ornamente, Linien und stilisierte Figuren zu einer harmonischen Einheit zusammenfügen, versetzt auch unsere heutigen Künstler in Erstaunen und Bewunderung. Die Art ihrer Gesichts- und Körperbemalung rührt an die Ursprünge der wahren Kunst. Sie enthält klassische wie auch moderne Elemente der Malerei. Niemand weiß, woher sie diese unglaubliche Begabung haben. Dieses Geheimnis konnte bisher nicht erforscht werden.

Mit Ausnahme der Monate, wo sie auf den Feldern arbeiten, ölen, bemalen und schmücken sie sich täglich. Dabei wählen sie immer neue »Masken«, manche wechseln diese sogar zweimal am Tag.

Diese Bemalungen haben nur zu einem geringen Teil kultische Bedeutung, was meistens schon aus der Wahl der Grundfarbe ersichtlich ist. So darf beispielsweise das tiefe Schwarz, das die Nuba als schönste Farbe empfinden, nur von den besten Kämpfern benutzt werden. Allerdings gilt dies nur, wenn der ganze Körper schwarz bemalt wird. Für die Zeichnungen kann die schwarze Farbe von jedem verwendet werden.

Der wesentliche Sinn ihrer Bemalungen ist die Steigerung ihres Aussehens. Jeder versucht dabei die anderen zu übertreffen. Es gibt unter ihnen sehr Begabte und weniger Begabte, aber die meisten von ihnen haben diese besondere Fähigkeit.

Mit ihrer Bemalung betonen sie die positiven Merkmale ihres Gesichts und Körpers und verdecken das Unschöne oder lenken davon ab. Einige versuchen die Augen durch das Malen von Schatten zu vergrößern oder durch Linien und Kreise hervorzuheben. Wenn sie die Gesichts- und Körperhälften asymmetrisch bemalen, werden sie mit der unfehlbaren Sicherheit ihres künstlerischen Gefühls diese Asymmetrie durch entsprechende Linien und Formen in vollkommene Harmonie auflösen; das beherrschen sie außerordentlich.

Bevor die Nuba sich bemalen, waschen sie sich gründlich. Haare werden von Gesicht und Körper entfernt, weil auf ihnen die Farbe nicht haftet. Dann werden Körper und Gesicht eingeölt, da die Farben nur auf eingeölter Haut halten. Das müssen sie sehr sorgfältig tun, denn zuviel Öl würde die Farben verschmieren. Die fein zu Pulver geriebenen Farben müssen trocken sein. Die Grundfarben werden zuerst mit den Händen so lange aufgetragen, bis die Oberfläche der Haut von der Farbe bedeckt ist. Dann zeichnen sie mit einem Holzstäbchen die Linien und Muster auf

Gesicht und Körper. Einige der Nuba haben sich aus Leder oder Holz Stempel angefertigt, mit denen sie ihren Körper bedrucken.

Das Material, aus dem sie die Farben herstellen, gewinnen sie selbst. Das Schwarz aus Kohlenstaub, das Weiß aus Muscheln, die sie in einem ausgetrockneten Flußbett finden und die sie zerreiben. Auch gibt es an einigen Stellen weißen Kalkstein. Das Gelb und die Ockerfarben, bis hin zum Rot, die sie am meisten brauchen, finden sie vor allem in einer unterirdischen Höhle, die nur wenige Kilometer von Kau entfernt ist. Aus ihr holen sie das weiche Gestein. Das Rot gewinnen sie durch Erhitzung, da ein Teil dieses Gesteins eisenhaltiges Oxyd enthält. Nur das Blau, das sie erst seit einigen Jahren verwenden, erhalten sie von den arabischen Händlern, ebenso die Spiegel, die schon viele von ihnen haben. Bevor sie diese besaßen, haben sich Freunde gegenseitig bemalt, was sie auch heute noch tun, wenn sie Zeichnungen auf den Rücken machen. Die Gesichtsbemalung, ebenso wie die Körperbemalung, dauert ungefähr eine halbe Stunde.

Zu ihrem täglichen »make-up« gehört natürlich auch die Frisur. Der Schnitt der Haare hat eine kultische Bedeutung, denn er wird nach bestimmten Altersstufen und einer sozialen Rangordnung ausgeführt. Dagegen ist die Wahl der Farbe und die Ausschmückung der Frisuren individuell und hat nur ästhetische Bedeutung. Eine Frisur mit zwei ausrasierten Keilen, die von den Schläfen zum Hinterkopf verlaufen, darf nur ein *kadundor* (Messerkämpfer) haben. Dagegen können die weißen Federn, mit denen sich viele Kämpfer schmücken, auch von den Jünglingen getragen werden, die noch keine Messerkämpfe ausführen.

Interessant ist, wie diese Frisuren hergestellt werden. Erst wird das Haar ringsherum sauber mit einem Messer geschnitten, dann Bienenwachs darauf gelegt, das mit einem kleinen Stock aufgerauht wird. Darüber stauben sie je nach Geschmack einen roten, blauen oder ockerfarbigen Puder. Fertig ist die Frisur aber erst, wenn die meist weißen Federn oder wenn Erdnüsse die Mittellinie des Kopfes schmücken. Um die so mühevoll gemachten Frisuren beim Schlaf nicht zu zerstören, lassen sie ihre Köpfe über den Bettrand hängen. Trotzdem hält eine solche Frisur höchstens zwei bis drei Tage.

Ungewöhnlich ist es, daß diese Nuba, im Gegensatz zu den meisten anderen Naturvölkern, sich nicht mit den Tieren identifizieren, die sie auf ihre Körper zeichnen. Wenn sich zum Beispiel ein Nuba ein Leopardenmuster auf den Körper malt, dann bedeutet dies nicht, daß er sich als Leopard fühlt, sondern weil ihm das Muster gefällt und er glaubt, daß es ihn verschönt. Professor Faris beschreibt dies so: »Hauptzweck dieser Zeichnungen und Dekorationen ist nicht die symbolische Bedeutung, sondern sie sollen die Schönheit des Körpers betonen. Die Südostnuba sehen ihre Kunst nur in Verbindung mit ihren Körpern. Als Höhepunkt der Nuba-Kunst wird von ihnen der Körper betrachtet. Der Körper als Symbol ist vollkommene Schönheit – er ist der Ausdruck ihrer Kunst.«

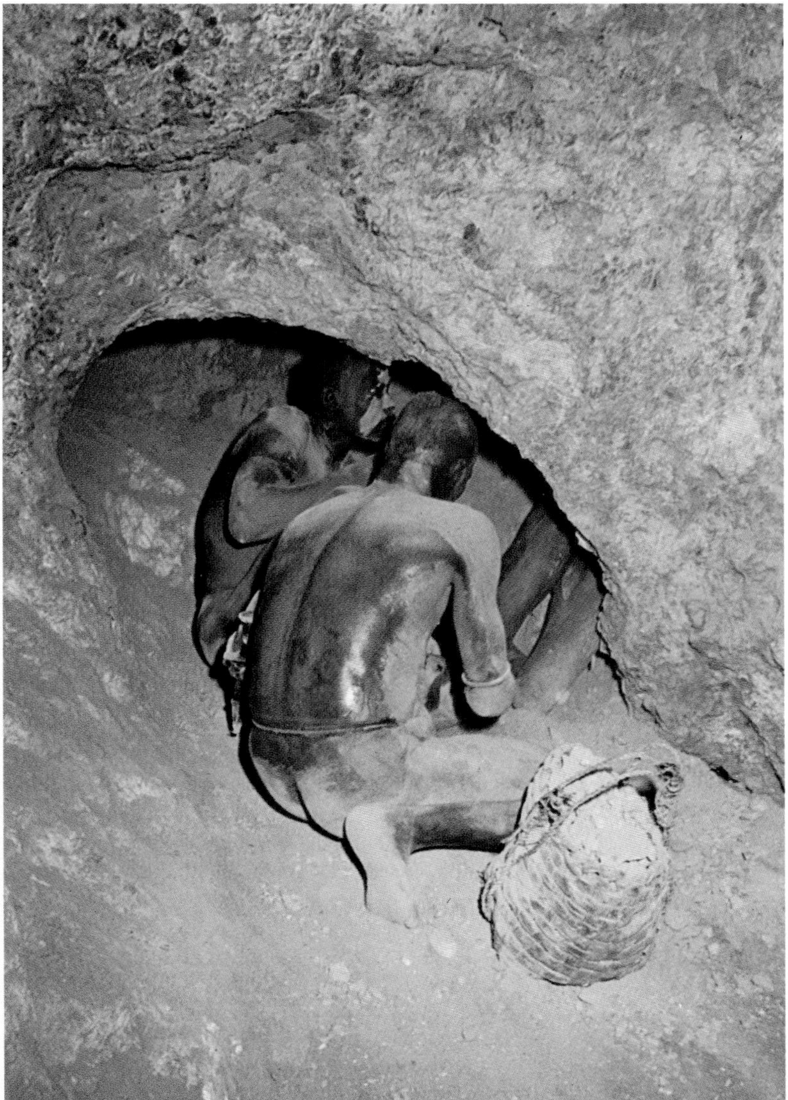

Tätowierung

Das Tätowieren ist eine Sitte, die von vielen Völkern schon seit Jahrtausenden ausgeübt wird. Es hat verschiedene Bedeutung. Meist geschieht es aus kultischen Gründen, es kann aber auch nur der Ästhetik dienen. Oft sind es Stammeszeichen, an denen man sofort erkennen kann, welchem Stamm der Träger angehört. Es kann auch sein, daß das Tätowieren ursprünglich eine Art Impfung war. Denn durch die Schnitte gelangen auch Keime und Bakterien in den Körper, gegen die der Organismus Abwehrstoffe entwickelt. Es wird dadurch eine gewisse Immunität erlangt, die sich bei späteren Verletzungen, denen die Eingeborenen oft ausgesetzt sind, positiv auf den Heilungsprozeß auswirkt.

Bei den Südostnuba erhalten nur die Mädchen Körpertätowierungen, während Gesichtstätowierungen auch Knaben bekommen. Aber diese dienen nicht nur der Schönheit. Wenn die Narben sich über den Augen befinden, sollen sie die Sehkraft erhöhen, wenn die Schnitte seitlich an der Stirn sind, sollen sie Kopfschmerzen verhindern.

Jedes weibliche Wesen muß drei Tätowierungen über sich ergehen lassen. Die erste bekommen sie schon im Alter von zehn bis elf Jahren. Diese Operationen werden von außerordentlich geschickten Frauen durchgeführt. Ihr Werkzeug besteht aus einem scharfen, flachen Messer und aus mehreren Dornenzweigen. Vorbereitend hat die Frau die Körperstellen, an denen sie schneidet, mit Öl eingerieben, danach sorgfältig die Linien, in denen sie die Schnitte anbringt, mit dem Finger auf der öligen Haut vorgezeichnet. Die Haut wird mit einem Dorn hochgezogen, dann mit dem Messer ein Einschnitt gemacht. Die jungen Mädchen erhalten nur wenige Schnitte unterhalb des Nabels. Das aus den Wunden fließende Blut wird mit einem Zweig abgewischt.

Während die ersten Tätowierungen bei den ganz jungen Mädchen im Dorf gemacht werden, meist im Schatten eines großen Baumes, wird die zweite und dritte Tätowierung hoch oben in den Felsen vorgenommen, um sie den Blicken von Zuschauern zu entziehen. Nur weiblichen Familienangehörigen ist es erlaubt, dabeizusein.

Die zweite Tätowierung wird einige Zeit nach Eintritt der Periode durchgeführt. Das Mädchen, ungefähr fünfzehn Jahre alt, kniet im Eingang einer Felshöhle. Die Frau, die diese Tätowierung macht, hat sich einen Hocker mitgebracht, um bei dieser wesentlich schwierigeren Operation mit ruhigen Händen arbeiten zu können. Sie schneidet sehr schnell und sehr präzise, wobei das Mädchen die Ausführung der gewünschten Muster genau beobachtet. Kein Anzeichen von Schmerz ist in ihrem Gesicht zu sehen.

Nach ungefähr einer Stunde ist der Leib des Mädchens tätowiert. Vom Nabel bis unter die Brust zieht sich ein breiter Streifen vertikaler Linien von Schnitten. Ohne eine Pause werden nun die beiden Körperseiten des Mädchens mit Narbenmustern versehen. Dann ist die Tätowierung beendet. Die Frau bestäubt die Wunden, die sie während ihrer Arbeit immer wieder eingeölt hat, mit Duramehl, das den Schmerz lindert und vor Infektionen schützt. Auch soll das Mehl, dem noch etwas pulverisierte Kräuter und Wurzelextrakte beigemischt werden, die Narben plastischer machen. Je plastischer sie werden, desto schöner sind sie – aber, was noch wichtiger ist, man soll die Narben auch noch im Alter erkennen können. Die Nubafrauen sind auf ihre Schmucknarben sehr stolz.

Sehr viel schmerzhafter ist die dritte und letzte Tätowierung, die sich Mütter nach der Entwöhnung ihres ersten Kindes machen lassen, ungefähr drei Jahre nach der Geburt, denn so lange werden die Kinder nach alter Nubasitte gestillt. Sie nehmen an, daß durch die lange Stillzeit die Kinder stärker und gesünder werden. Aber für die Frauen ist es ein gewisses Opfer, weil sie während dieser Jahre enthaltsam leben müssen. Die Nuba glauben, daß ein Sexualverkehr während der Schwangerschaft und Stillzeit dem Kind schaden könnte.

Diese dritte Tätowierung, die zwei Tage lang dauert, ist nicht nur die schmerzhafteste, sondern auch die teuerste. Die Spezialistin, die diese »Schönheitsoperation« durchführt, erhält für ihre Arbeit einige Liter Öl, Getreide, Hühner oder Ziegen. Meist wird dies der Mann übernehmen. Kann er diesen Preis nicht aufbringen, dann werden die Verwandten der Frau es tun.

Am ersten Tag dieser Tätowierung werden der ganze Rücken, der Hals bis zum Haaransatz und die Ober- und Unterarme mit Tausenden von kleinen Schnitten übersät. Am zweiten Tag folgen die Hüften, die Beine und der Popo. Diese Körperstellen sind besonders empfindlich. Selbst hier versucht die Frau ihren Schmerz nicht zu zeigen, obgleich es wahnsinnig weh tun muß. Ab und zu verrät ein Zucken in ihrem Gesicht, wie sehr sie sich beherrscht.

Bei dieser Operation verlieren die Frauen sehr viel Blut und manchmal werden sie hierbei ohnmächtig. Wenn sie aber diese schwerste Tätowierung überstanden haben, folgt die Belohnung. Durch die neuen Muster, die ihren Körper schmücken, wirken sie nun auf die Nubamänner sehr attraktiv, und sie werden wieder zu den begehrtesten Frauen ihres Dorfes gehören.

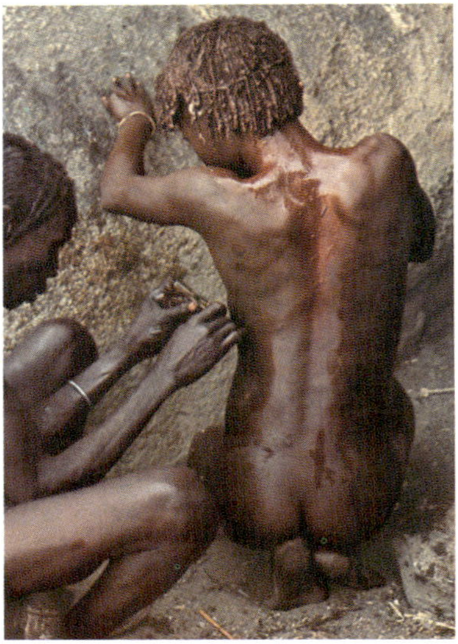

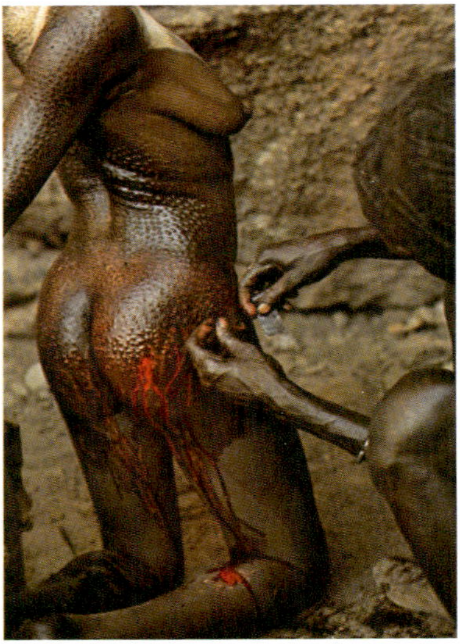

Zuar nennen die Südostnuba ihre Messerkämpfe, die alle jungen Männer, etwa vom 18. bis zum 20. Lebensjahr ab, über eine Zeitdauer von etwa zehn Jahren ausüben. Es ist ein sehr harter, aber fairer Sport.

Mir ist nicht bekannt, ob es noch andere Stämme auf der Welt gibt, die solche Kämpfe mit den runden schweren Doppelmessern, die sie am Handgelenk tragen, veranstalten. Wenn ein *zuar* in einem der drei Dörfer Kau, Nyaro oder Fungor stattfindet, so ist dies für die Südostnuba eine aufregende Angelegenheit. Niemand weiß, wann und in welchem Dorf gekämpft wird. Lange vorher werden Gerüchte verbreitet, daß am nächsten Tag die Fungorkämpfer nach Kau kommen oder die Kaukämpfer nach Nyaro. Aber oft muß man wochenlang warten, bis ein Kampf beginnt. Dieser wird immer nur zwischen den Dörfern ausgetragen, nie kämpfen die Männer eines Dorfes untereinander. Voraussetzung ist, daß die Kämpfer im Dorf sind und nicht mehr draußen auf den Feldern arbeiten. Ferner hängt die Entscheidung, wann oder wo man und wer kämpfen wird, von den Priestern ab, die immer noch einen sehr starken Einfluß auf die Nuba ausüben. Man kann dies schon an den vielen Amuletten erkennen, mit denen sich besonders die Kämpfer schmücken. Sie tragen diese Amulette, an deren Zauberkraft sie glauben, meist an den Oberarmen und oberhalb ihres Messers an den Handgelenken.

Es gibt aber auch noch andere Dinge, die zeigen, wie sehr sie an die Zauberkraft ihrer Priester glauben. So kann man beobachten, daß alle Kämpfer sich vor den Kämpfen kleine Wurzelstücke in die Haare stecken und daß sie auf ihre Schultern einen besonderen Schlamm legen. Sie glauben, daß sie dadurch vor allzu gefährlichen Schlägen des Gegners geschützt sind. Auch werden sie sich für die Kämpfe nicht so auffällig bemalen, wie sie es sonst so gern tun. Sie wollen dadurch den Neid des Gegners vermeiden, der durch ein zu auffälliges Muster gereizt werden könnte. Eine Ausnahme machen die Kämpfer, die sich den ganzen Körper tiefschwarz bemalen. Nur die Besten haben das Vorrecht, diese schwarze Farbe zu benutzen, von der sie glauben, daß sie den Körper unverletzbar mache.

Bei den Kämpfen geht es nicht nur darum, Mut und Tapferkeit zu beweisen, sondern in sehr starkem Maße auch um die Liebe. Je besser ein Kämpfer ist, um so mehr Chancen hat er beim weiblichen Geschlecht. Die Besten von ihnen werden nicht nur von den jungen Mädchen angehimmelt, sondern auch von vielen, schon verheirateten jungen Frauen begehrt. So hoch gilt bei den Südostnuba der Ruhm eines guten Kämpfers, daß es jeder verheirateten Frau erlaubt ist, mit ihm zu schlafen. Der Ehemann wird dagegen nicht protestieren und sogar stolz sein, wenn seine Frau ein Kind von diesem Kämpfer bekommt. Die erste Kunde, daß ein Kampf stattfinden wird, sind die fast unheimlichen schrillen Schreie der Männer, die oben auf den Felsen stehen. Sie haben die Gruppen der heranlaufenden Kämpfer des Nachbardorfes erkannt, und das Echo ihrer Schreie verkündet allen den bevorstehenden Kampf.

Der Kampfplatz befindet sich meist in der Nähe des Dorfes. Im Schatten großer Bäume sitzen die Kämpfer mit ihren Schiedsrichtern. Diese üben eine sehr wichtige Funktion aus – ihre Stimme ist Gesetz. Fast immer sind es Männer, die selbst sehr gute Kämpfer waren. Sie entscheiden, wer gegen wen kämpfen darf. Auch stoppen sie solche Kämpfe, die entweder zu gefährlich werden oder aber auch solche, bei denen beide Kämpfer gleich stark sind und es keinem gelingt, den anderen kampfunfähig zu machen. Ein solcher Kampf gilt als unentschieden. Während eines Kampfes sind immer gleichzeitig zwei Schiedsrichter anwesend.

Unter den Zuschauern befinden sich weder Mädchen noch Frauen. Sie dürfen nicht dabeisein, denn die harten Messerkämpfe sind reine Männersache. Die Mädchen werden sich inzwischen für das nach dem Kampf folgende Tanzfest schmücken.

Der erste Kampf hat begonnen. Zuerst wird mit den Stöcken gekämpft. Aber schon nach wenigen Sekunden werden die Stöcke weggeworfen und der Kampf mit den Messern fortgesetzt. Zwei gleich starke Kämpfer stehen sich gegenüber. In tänzerischer Eleganz wechseln Angriff und Verteidigung. Keinem gelingt es, dem Gegner den gefährlichen Messerschlag zu versetzen. Die Schiedsrichter brechen den Kampf als unentschieden ab. Um so blutiger ist der nächste Kampf. Vergebens versuchen die Schiedsrichter, die ineinander verkeilten und schon stark blutenden Männer zu stoppen. Immer wieder reißen sie sich von den Schiedsrichtern los, laufen zu einer anderen Stelle und kämpfen dort weiter. Keiner will aufhören, auch wenn er schon viele Schläge erhalten hat. Es ist, als ob die Kämpfer in einen Rausch geraten. Wenn einer zu Boden fällt, hat er noch keineswegs den Kampf verloren. Verlierer ist derjenige, der keine Kraft zum Weiterkämpfen hat.

Erlaubt ist jeder Schlag, ganz gleich, welche Körperstelle er trifft. Am meisten aber wird der Kopf getroffen. Diese Schläge hört man als ein Krachen, das die Zuschauer der siegenden Partei in eine Art Ekstase versetzt. Mit Freudenschreien stürmen sie über den Kampfplatz.

Die Erregung wird immer größer, die Kämpfe immer wilder. Wenn ein Kämpfer zu stark blutet, wird ihm Sand in die Wunden gestreut, oder sein blutender Kopf wird mit einem Palmenblatt verbunden.

Aber glücklicherweise wird durch die große Erfahrung und Geschicklichkeit der Schiedsrichter das Schlimmste verhindert. Nur sehr selten, so wurde mir berichtet, ist ein Kämpfer seinen Verletzungen erlegen. Normalerweise heilen die Wunden unwahrscheinlich schnell und die meisten der auf dem Kampfplatz blutüberströmten Kämpfer kann man schon wenige Stunden nach dem Kampf vom Blut gereinigt, frisch eingeölt, bemalt und geschmückt auf dem Tanzfest wiedersehen.

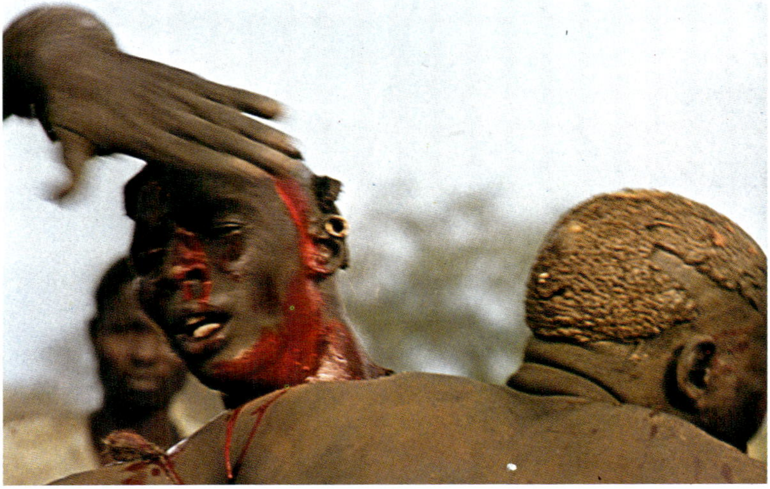

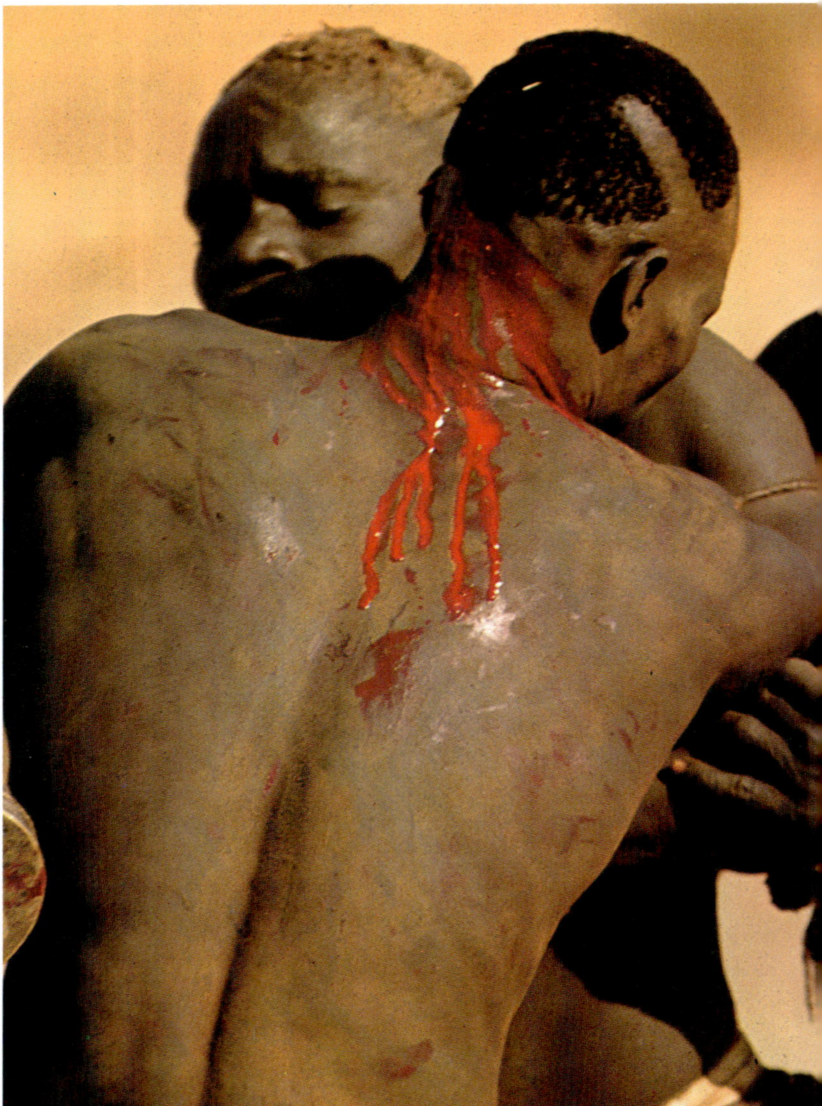

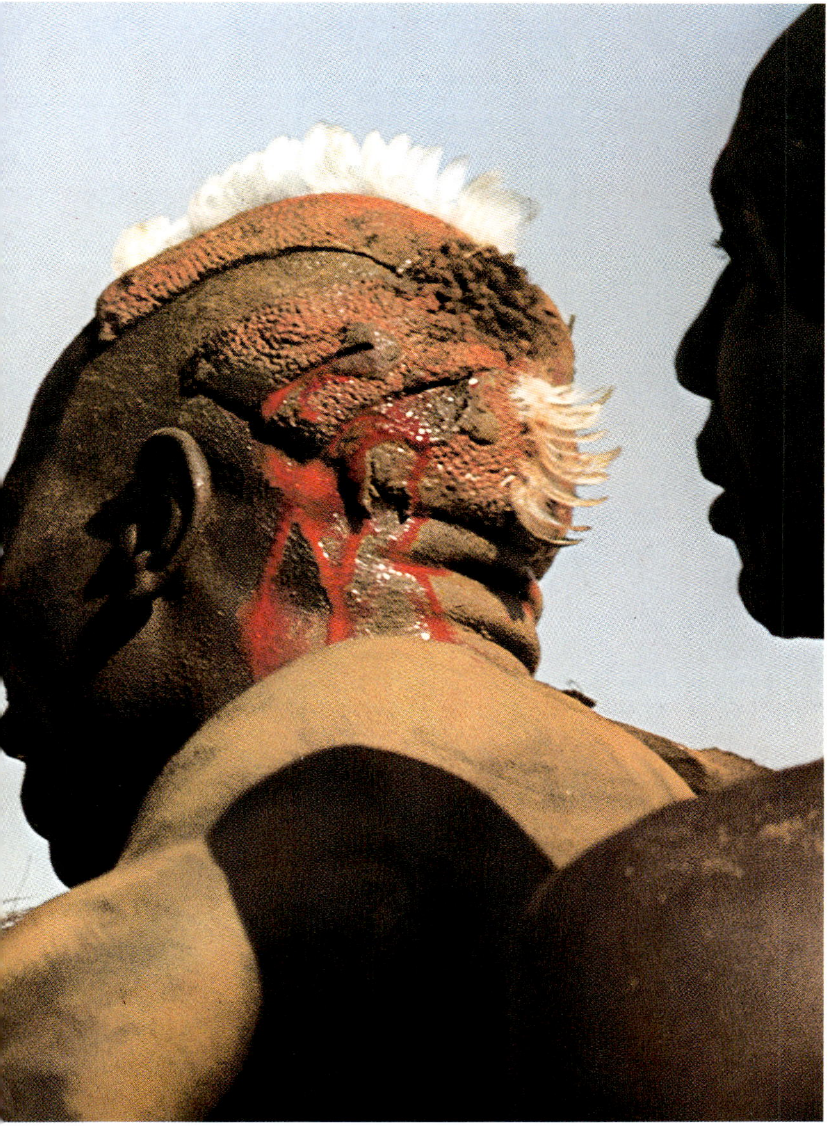

Wenige Stunden nach Beendigung eines großen Kampfes findet fast immer ein Tanzfest statt, das sich sehr von den normalen Dorftänzen unterscheidet. *Njertun* nennen die Nuba den Tanz, den man am besten als Liebestanz interpretiert.

Das Fest beginnt mit einem wilden Trommelwirbel. Fast scheu nahen sich die ersten Mädchen. Sie sind für dieses Fest besonders schön geschmückt. In den Haaren haben sie Straußenfedern oder goldschimmernde Messingspangen. Fast verschwenderisch haben sie ihre Körper mit Öl eingerieben. Diese glänzen in Rot und Schwarz wie mit Lack überzogen.

Einige der Mädchen kommen mit ihren Müttern, die bei diesem Liebesfest mittanzen. Bei Beginn des Festes tanzen die Mädchen in Gruppen zu zweit oder dritt. Aber bald füllt sich der Platz und nun kommt Schwung in die Menge. Das Trommeln wird stärker, das Tanzen wilder. In dem von der Sonne durchleuchteten, aufgewirbelten Staub glänzen die Mädchenkörper wie mit Gold überzogen. Fast alle sind von vollendeter Gestalt. Auffallend sind ihre langen, schlanken, durchtrainierten Beine. Nach dem Rhythmus der Trommeln wiegen sie sich in den Hüften. Als Tanzrequisit halten sie in den Händen lange, aus Lederriemen geflochtene Peitschen oder biegsame Zweige.

Nun kommen auch die Kämpfer, die sich ebenfalls bemalt und geschmückt haben. Ihre Tanzbewegungen sind im Gegensatz zu denen der Mädchen sehr langsam. Sie drehen sich, auf einem Bein stehend, um die eigene Achse, wobei sie ihre Stöcke in den Händen halten. Bei einem bestimmten Trommelrhythmus bleiben sie stehen, beugen ihre Oberkörper weit nach rückwärts und stoßen dieselben Raubvogelschreie aus, wie sie es auf den Felsen und auf dem Kampfplatz getan haben. Die Nuba nennen diesen Schrei *schakula.* Er ist Bestandteil ihrer uralten Sitten. Danach gehen die Männer zur Rakoba, wo sie sich im Kreis auf die kleine Steinmauer setzen. Keiner ihrer Blicke streift die tanzenden Mädchen. Sie halten ihre Köpfe gesenkt, und die einzige Bewegung, die sie machen, ist ein ständiges Zittern eines ihrer Beine, an deren Fußgelenken kleine Glöckchen angebunden sind. Das Geklingel soll symbolisch ihre innere Erregung andeuten.

Inzwischen haben sich einige der älteren Frauen zu den Trommlern gesetzt und unterstützen mit ihren Chorgesängen die wilden Rhythmen. Andere Frauen, die mit ihren Töchtern tanzen, preisen in lauten Trillertönen deren Unschuld, denn an diesem Tanz dürfen sich, außer Kindern, nur Jungfrauen beteiligen.

Inzwischen haben die ersten Mädchen gewagt, immer näher an die Männer heranzutanzen. Die Erregung steigert sich. Wie ein wilder Hexentanz wirkt der Anblick der Tanzenden.

Nun geschieht es. Ein Mädchen tanzt fast körpernah vor einem der Männer, dann schwingt es blitzschnell das Bein über seinen Kopf und legt es auf seine Schulter. Dabei wippt es einige Male mit dem Körper. Immer noch schaut der von ihr Erkorene zu Boden. Dann verläßt das Mädchen tanzend die Rakoba. Nach diesem Anfang kommen immer mehr Mädchen auf die Männer zu. Hierbei kann man beobachten, wie die Sieger der vorangegangenen Kämpfe bevorzugt werden.

Noch bevor das Tanzfest zu Ende geht, verlassen die Männer, immer noch keinen Blick auf die Mädchen werfend, den Tanzplatz. Das Rendezvous wird erst in der Nacht stattfinden. Meist ist der Treffpunkt das Haus der Eltern, wo das Mädchen wohnt. Aus dieser Zusammenkunft kann eine Ehe entstehen, aber es muß nicht sein. Das Fest geht weiter – die Mädchen tanzen bis in die Nacht hinein.

Dieses so faszinierende, mythische Ritual, das sich durch Jahrhunderte bis in unsere heutige Zeit erhalten hat, ist in seiner Art sicherlich einmalig.

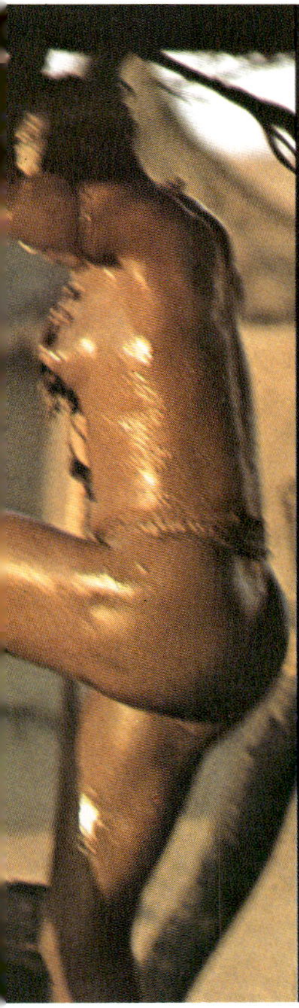